NICOLE STEFFENS

MEINE *Auszeiten* WESTERWALD

DURCHATMEN & KRAFT SCHÖPFEN

DROSTE

schreibnicolesteffens@gmail.com

Liebe Auszeit-Suchende,

„Ich komm aus einem Land, wo der Ginster blüht, wo man bis zum Horizont nur Wald und Wiesen sieht", heißt es in dem bekannten, sympathischen Lied „Ich bin aus'm Westerwald". Es versetzt jeden Einheimischen automatisch in Schunkellaune.
Auf meiner Recherchereise für dieses Buch habe ich gesehen, wie viel mehr es im Westerwald zu entdecken gibt. Faszinierende, entspannende und einzigartige Orte wie das Robin Hood Inn oder den Leitz Park. Intensive Momente habe ich beim Töpferkurs, während einer Einheit Waldbaden und beim Hutworkshop erlebt.
Mit diesem Buch möchte ich dich für außergewöhnliche Kraftorte in Hessen, Rheinland-Pfalz und Nordrhein-Westfalen begeistern. Für Begegnungen mit besonderen Menschen und ihre einmaligen Initiativen. Für Ausflüge mit sensiblen Tieren und Wanderungen, die zum Nachspüren anregen. Zwischen Dill, Lahn, Rhein und Sieg lässt sich viel hochkarätige Kunst entdecken, im Kloster Marienstatt vergisst man schon beim Betreten der Anlage die Zeit und in Rotenhain kann man mit viel Freude und etwas körperlichem Einsatz ein Bauerndiplom erwerben.
Von der kleinen Atempause für zwischendurch bis zur Auszeit für ein ganzes Wochenende findest du in diesem Buch 70 Möglichkeiten, um aufzutanken. Und zehn Exkurse zum achtsamen Leben.
Ich wünsche dir viel Spaß beim Stöbern und Ausprobieren.
Schreibst du mir von deiner persönlichen Reise?

Nicole Steffens

✽ Meine Atempause

Meine Kraftquelle

Mein Tag Urlaub

Meine Frei-Zeit

ERLESENE EINSICHTEN

In historischen Räumen jahrhundertealte Lehren entdecken, im Duft jahrhundertealter Bücher versinken, zahlreiche Heiligtümer bestaunen.

Rechts ab vom Hauptweg zur Abteikirche liegt das **Klostergebäude** des Klosters Marienstatt. Öffnet sich die Pforte, wird der Blick frei auf die Eingangshalle. Der barocke, zweiarmige Treppenaufgang mit den Statuen zahlreicher Heiliger fasziniert. Ebenso imposant ist die Deckenmalerei. Gott Chronos ist dort eingerahmt von Symbolen der vier Jahreszeiten. Von hier sind es nur wenige Meter bis zur Klosterbibliothek.

Mehr als 110.000 Medien finden sich in dem ab 1908 errichteten **Bibliotheksbau,** der dem Stil der bestehenden Barockgebäude angepasst wurde. Seine Höhe, die lichte Gestaltung und die edle Ausstattung bilden den Rahmen für die besondere Sammlung aus theologischen Schriften, kirchen- und ordensgeschichtlichen Werken, Heiligenlegenden und Biografien, Aszetik, Werken aus Kunst, Philosophie und Liturgiewissenschaft. Barocke Skulpturen der zwölf Apostel aus dem Hauptschiff der Abteikirche blicken auf die Besucher der zweigeschossigen Bibliothek herab. Wer bis in den hinteren Bereich schlendert, stoppt vor einem wunderschönen Motivfenster. Bei diesem Anblick vergisst man die Zeit, während ein tiefes, fast ehrfürchtiges Gefühl für jahrhundertealte Weisheiten entsteht.

Für mich!
Von gedruckter Geschichte beeindrucken lassen

Zum Altbestand gehören **22.500 historische Bücher** aus der Zeit bis 1900. Sie sind als national wertvolles Kulturgut geschützt. Das älteste handschriftliche Buch der Bibliothek stammt etwa von 1300.

Sehenswert ist auch das sogenannte **kleinste Buch der Welt,** das 5 mal 5 Millimeter misst und sieben verschiedene Fassungen des Vaterunsers enthält. Demgegenüber finden sich zahlreiche riesige Schriften. Die mehr als einen halben Meter hoch sind und ein Gewicht von mehr als 20 Kilo aufweisen.

In loser Folge finden in den Sommermonaten sowie auf Anfrage Bibliotheksführungen statt.

Zisterzienserabtei Marienstatt, 57629 Marienstatt,
Tel. (0 26 62) 9 53 50, www.abtei-marienstatt.de

WIE ANNO DAZUMAL

Beim Kühemelken und Schweinetreiben zum diplomierten Bauer werden. Nach schweißtreibender Arbeit und Lachsalven ein kühles Getränk genießen.

1997 entdeckte man bei Wegebauarbeiten in Rotenhain historische Grundmauern, auf denen man ein illustres Gebäude errichtete. Diese **„Alte Burg"** wurde 2011 eingeweiht und ist heute eine ansehnliche „Motte", das ist die offizielle Bezeichnung für Turmhügelburgen. Schnell gründete sich der Verein Historica-Rotenhain, der alte Bräuche und den Alltag früherer Zeiten hochhält.

In und um die Burg bietet der Verein viele Aktivitäten an. Das **Bauerndiplom** ist besonders beliebt. In einem Workshop lernt man das Landleben der Westerwälder Bauern vor über 100 Jahren kennen. Damals war Selbstversorgung allgegenwärtig. Auf spielerische Art erfahren Kursteilnehmer die Mühen des damaligen Alltags. Beim Kühemelken und Schweinetreiben, Heuballeneinbringen und Getreidebestimmen wird man selbst zum fleißigen, strebsamen und schlitzohrigen Landwirt. Nach dem Motto **„Harte Arbeit hat noch nie geschadet"** bekommen alle einen intensiven, nicht allzu ernst gemeinten Einblick in die Anstrengungen auf dem Bauernhof, Acker und im Stall. Während beim „Schweinetreiben" lediglich Holzstämme mit Stöcken über einen Parcours getrieben werden, geht es beim Heueinbringen, Getreideerkennen, Vogelscheuchenbauen, Jauche- und Mistschleppen so zu wie anno dazumal. Danach hat man sich das Diplom „Westerwälder Bäuerin" oder „Westerwälder Bauer" redlich verdient. Die getane körperliche Arbeit erzeugt ein zufriedenes Gefühl. Beim anschließenden Gespräch mit Mundschenk, Oberritter, Schiedsritter und Schreiberling schwelgt man in der Vergangenheit, zieht fast automatisch Parallelen zum heutigen Alltag und lächelt.

Für mich!
Das Landleben kennenlernen

Die Burg kann zwischen Ostern und 11. November an Sonn- und Feiertagen besichtigt werden. Dann führen geschichtlich bewanderte Ritter und Edeldamen durch die Burgmauern. Außerdem finden jedes Jahr eine deftig-urige Wurstwanderung und ein Burgfest mit Mittelaltermarkt statt.

Alte Burg, 56459 Rotenhain, www.historica-rotenhain.de

I'M VERY AMUSED

Kaffee oder Tee? Hausgemachter Kuchen oder frische Scones? Die stilvolle Atmosphäre und die Leckereien sind ein Kurzurlaub für die Seele.

Mitten im Westerwald lädt das **Café Elsternest** zum Entspannen ein. Im liebevoll renovierten Fachwerkhaus serviert das Ehepaar Wehnge-Davies edle **Kaffees, englische Tees, hausgemachte Kuchen und Scones** mit Clotted Cream und Marmelade. Die Himmelstorte, eine Stachelbeerbaiser-Komposition, und die Himbeersahnetorte sind die Sommerlieblinge. Weil Mr. Davies englische Wurzeln hat, gibt es außerdem einige landestypische Spezialitäten. Wie den Victoria-Cake, benannt nach Queen Victoria. Der berühmte Kuchen besteht aus einem Vanillerührteig, der mit Erdbeer-Rhabarber-Marmelade und Mascarponecreme bestrichen wird. Um das Englandgefühl abzurunden, spielt Tee im Café Elsternest eine besondere Rolle. Der Chai-Gewürztee und ein feiner Darjeeling First Flush bieten klassischen Genuss. Der Red Latte Macchiato ist eine Entdeckung. Zur Zubereitung wird Rooibostee in eine Siebträgermaschine gegeben, stark aufgebrüht und mit geschäumter Milch kombiniert. Die rote Farbe ist ein Hingucker, der Geschmack himmlisch.

Für mich!
Entspannt verweilen, Kuchen und Tee genießen

Mit dem Elsternest haben sich die Inhaber einen Lebenstraum erfüllt. Der Name des Cafés fand sich in der Bauphase, als eine Elster vor dem Haus auf sich aufmerksam machte. Da diese intelligenten Tiere in Japan als Glücksbringer gelten, machte das Paar sie zum Namensgeber.
Im Laden findet man dank der Interior- und Genussspezialistin Mrs. Wehnge-Davies auch besondere **Produkte für zu Hause.** Leckere Öle, Essige, Aperitifs und Tunke aus Manufakturen verzücken ebenso wie liebevolle Kleinigkeiten und ausgewählte Schmuckstücke. Von Donnerstag bis Sonntag ist zur Kaffee- und Kuchenzeit geöffnet. Frühstücks- und High Tea-Einladungen ergänzen das Angebot.
Für eine perfekte Auszeit lässt sich der Cafébesuch mit einer **Wanderung** verbinden. In unmittelbarer Nähe startet der 8 Kilometer lange Eisvogelweg mit naturbelassenen Wegen entlang von Krumm- und Lasterbach.

Café Elsternest, Hauptstraße 31, 56479 Westernohe

ABTAUCHEN INS GRÜN

Wälder, Wiesen, Fluss und eine imposante Basaltwand bestaunen, die Füße im Kneippbecken kühlen und zum Schluss im Kräutergarten verweilen.

Der Wanderweg Schwarze Nister in Bad Marienberg verleitet nicht nur Gelegenheitswanderer zum Schlendern und Staunen. Über 4,5 Kilometer geht es zwischen Buchen und Fichten großteils am idyllischen Flüsschen entlang. Unterwegs wuchern **Farne und Waldmeister,** bieten Basalt und Park Inspirationen für alle Sinne. Tipp: Immer wieder stehen bleiben, ein- und ausatmen und die Umgebung bewusst wirken lassen.
Die gemütliche Tour startet an der Touristinfo, führt die Wilhelmstraße hinauf, geht rechts an der Kirche vorbei bis zur Marienquelle. Folgt man dem Weg weiter abwärts, zeigt sich die Schwarze Nister. Nach kurzer Zeit erreicht man das **Naturschutzgebiet Bacher Lay,** überquert eine rustikale Holzbrücke und steht staunend vor einer imposanten, steil aufragenden **Basaltwand.** Im Sommer leuchtet sie durch Pflanzen und Bäume in sattem Grün. Gedanklich sieht sich der ein oder andere Besucher sicher wie Tarzan und Jane an einer Liane schwingen. Im Winter wird die Felsformation zu einer beeindruckenden Eiswand. Hier könnte Disneys Eiskönigin mit ihrem kompletten Gefolge unterkommen. Ganzjährig ist es in der Bacher Lay kühl. Im Sommer bieten sich als Abkühlungsalternativen auf dieser Strecke ein Kneipptretbecken und die schwarze Nister selbst an. Der Zufluss der großen Nister verdankt seinen Namen der dunklen Färbung, die beim Durchfließen eines Braunkohle-Flözes entsteht. Der Name des Naturschutzgebietes ergab sich vor langer Zeit. Damals hieß der heutige Ort Nisterau noch Bach und das Wort „Lay“ stand im Westerwald für „Steinbruch“.
Die Tour führt hinter der Brücke weiter nach rechts, vorbei an Baumriesen und Basalt, ein Stück nach oben. Über den **Nisterpfad** spaziert man am Schützenhaus vorbei, zurück nach Bad Marienberg. Von der Nassauischen Straße links in die Bornstraße, nach rechts zum Park der Sinne mit Barfußweg und Apothekergarten zurück zum Ausgangspunkt.

Für mich!
Wandernd die Umgebung wahrnehmen

Wanderweg Schwarze Nister, 56470 Bad Marienberg, www.badmarienberg.de

GLÜCKLICHES SPIEL

Neue Welten entdecken und die Zeit dabei spielend vergessen. Sich an längst vergessene Familiennachmittage und Bastelmomente der Kindheit erinnern.

Schon der bunte Eingang des HABAKUK Spielwarenhauses in Hachenburg stimmt fröhlich. Auf 1500 Quadratmetern taucht man in eine **einzigartige Welt aus Spielsachen** für Menschen jeden Alters ein. Schlendert man an den Kuscheltieren für die Kleinsten vorbei, kommen nostalgische Gedanken auf. Im Do-it-yourself-Bereich finden sich Ratgeber und Bastelmaterial. Zwischen Acrylfarben, farbigen Pappen und kompletten Kits für Makramee-Arbeiten lassen sich neue Handarbeitsprojekte entdecken. Bei den **Brett- und Kartenspielen** stehen neben den Klassikern von „Monopoly" bis „Vier gewinnt" innovative Varianten bekannter Spiele, wie „Stadt Land Vollposten" zur Wahl. Sämtliche „Spiele des Jahres", Partyspiele wie „What do you Meme?" und fantasieanregende Poket-Ideen wie „Black Stories" garantieren spaßige Impulse für jeden Spieleabend. Für Soloeinheiten ist „The Game" ideal. Hier werden die Karten zum Gegner und die Regeln sind in 2 Minuten erfasst.

Für mich!
Spiel, Spaß, Spannung und einen Kaffee vor Ort genießen

Wunderschön und komplett im Westerwald gefertigt sind die **Holzspiele der Firma Gerhards.** Klassiker wie „Mühle" werden in der Holz- und Edelsteinausfertigung ein haptisches Erlebnis. Edle Spielideen wie „Paletto" und „Lass die Kirche im Dorf" bieten mit einfachen Regeln ein intensives Vergnügen. Direkt aus der Region kommt auch das Lieblingsspiel vieler Familien: „Skyjo".
Freunde des Modellsports werden die **Auswahl an Micro- und Multicoptern** lieben. Die erste Variante wird in der Wohnung genutzt. Für draußen sind die GPS-gesteuerten Kameramulticopter gedacht. Vor Ort kann man einige Modelle testen. Wem das zu anstrengend ist, der hüpft vielleicht in einem unbeobachteten Moment ins **Bällebad** mit 493 bunten Bällen?
Vor Ort werden Erinnerungen an die eigene Kindheit wach und die Spielfreude wird neu geweckt, bei Waffeln, Crêpes und selbst geröstetem Kaffee lässt sich im Café Da Roberto das neu erworbene Spiel direkt ausprobieren.

HABAKUK Spiel + Freizeit, Lindenstraße 70, 57627 Hachenburg, Tel. (0 26 62) 9 47 88 80, www.habakuk.de

EINE LUSTVOLLE PAUSE

Beim Laufen die Gedanken ziehen lassen, Wald und Wiesen genießen, vom Weitblick bezaubern lassen und einen idyllischen Halt am Lusthäuschen verbringen.

Mitten im Westerwald, kurz hinter der Grenze zwischen Hessen und Rheinland-Pfalz, liegt Molsberg. Im 11. Jahrhundert zogen hier die Ritter umher und lebten in einer Burg am Nordhang des Eichberges. Später wurde auf dem Gelände das barocke **Schloss Molsberg** errichtet, das seit 1776 Stammhaus der Grafen von Walderdorff ist. Durch seine Höhenlage ist das hellgelbe Ensemble von Weitem sichtbar. Zum Anwesen gehören ein Landschaftsgarten im englischen Stil mit einer Allee aus Lindenbäumen sowie eine umfangreich restaurierte Schlosskapelle und ein kleiner Gartenpavillon. Der ehemalige Gutshof am Fuß des Schlosses dient heute als Kunsthalle. Der Schlossgarten wird zum Pfingstfest für alle Besucher geöffnet. Der traditionsreiche und sehenswerte Handwerkermarkt findet in jedem Jahr am letzten Sonntag im September statt.

Für mich!
Im Park flanieren und entspannt verweilen

Ganzjährig bietet sich der Spaziergang zur **Molsberger Waldkapelle** an, die nur einen kleinen Fußmarsch vom Schloss entfernt ist. Wenn man im Dorf parkt und am Schloss vorbei bergauf marschiert, gelangt man zur Straße „Alte Gasse", die in einen Waldweg mündet. Idyllisch zwischen Bäumen und Wiesen spazierend, nimmt man nach ein paar 100 Metern die erste Abzweigung nach rechts. Bereits hinter der nächsten Kurve des kleinen Pfads lässt sich das Lusthäuschen entdecken. Auf der Anhöhe **mit sensationellem Ausblick** bis weit in den Taunus steht das kleine Bruchsteinkapellchen mit den herrlichen Rundbögen und zwei schmalen Holzbänken. Hier kann man den Blick und die Gedanken schweifen lassen. Wer bei einem kleinen Picknick oder mit seiner Lieblingslektüre hier verweilt, möchte nie wieder aufstehen.

Die Waldkapelle wurde Mitte des 19. Jahrhunderts als Aussichtsplatz errichtet. Man munkelt, dass Verliebte den beschaulichen, etwas versteckten Ort als heimlichen Treffpunkt nutzen. Diese Beobachtung hat der Kapelle den Beinamen „Lusthäuschen" eingebracht.

Spaziergang zur Waldkapelle (Lusthäuschen), Schloss Molsberg, 56414 Molsberg, www.schlossmolsberg.de

7 *Meine Atempause*

KUNSTGENUSS PLUS

Mitten in der Oberstadt dem Trubel entfliehen und moderne Kunstwerke auf sich wirken lassen. Von Raum zu Raum schlendern und inspiriert verweilen.

Zwischen Kopfsteinpflaster und historischen Bauten liegt in der Oberstadt von Siegen das **Museum für Gegenwartskunst.** Die international ausgezeichnete Sammlung wurde 2001 eröffnet. Mehr als 400 Kunstwerke von 1915 bis heute gehören zum festen Bestand. Zusätzlich finden wechselnde Ausstellungen statt.

Wer durch den modernen Bau schlendert, kann Werk für Werk auf sich wirken lassen. Die Ausstellungsräume halten sich mit ihrer gradlinigen, lichten Gestaltung zurück, sodass die Werke die Hauptrolle übernehmen. Irritierendes von Francis Bacon findet sich ebenso wie der großformatige Titel „Abdrücke eines Pinsels“ von Niele Toroni. Sigmar Polkes „Lösungen I-IV“ erinnern an den letzten Mathematikunterricht, Bridget Rileys Bilder spielen mit der Wahrnehmung der Betrachter. Spaziert man von Raum zu Raum, begeistern die Einblicke in die unterschiedlichsten **Kunstproduktionen unserer Zeit.** Aber auch der Ausblick aus dem komplett verglasten Hauptraum auf den Marktplatz ist einen Stopp wert.

Für mich!
Künstlerische Highlights ungestört erleben

Der Neubau ist durch einen imposanten, **kunstvoll beleuchteten Turm** inklusive Wendeltreppe mit dem Altbau verbunden. Hier wandert der Blick automatisch nach oben, bevor man weiter zum Ausgang oder zur angeschlossenen Brasserie schlendert. Das familienfreundliche Ristorante e Piazza bietet mediterrane Spezialitäten an. Im Sommer ist der große Biergarten mit Blick auf das barocke Nassauische Schloss der perfekte Ort für eine kunstvolle Pause.

Zu den Höhepunkten der Sammlung zählen die **Arbeiten der Rubenspreisträger und -trägerinnen** der Stadt Siegen. Die Gemälde, Grafiken, Fotografien und Skulpturen bieten einen beeindruckenden Zugang zur Malereigeschichte der Gegenwart und inspirieren dazu, den eigenen Blickwinkel zu erweitern, Farben und Formen im Alltäglichen zu entdecken oder vor einem Werk zu verweilen, damit die Gedanken sich neu ordnen können.

Museum für Gegenwartskunst Siegen, Unteres Schloss 1, 57072 Siegen, Tel. (02 71) 4 05 77 10, www.mgksiegen.de

8 *Meine Atempause*

TIERISCH ENTSPANNEND

Sensible Alpakas treffen und auf einer gemeinsamen Tour deren Eigenarten wahrnehmen. Sich selbst und die Natur neu entdecken.

Mit Alpakas verbindet man ein niedliches Aussehen. Ihre flauschigen, strubbeligen Köpfe will man sofort streicheln. Das mögen die ulkigen Geschöpfe aber gar nicht. Weil sie Berührungen mit Kampf und Paarung verbinden, reagieren sie entsetzt auf Annäherungsversuche Fremder. Gleichzeitig sind die sensiblen Andentiere ideale Begleiter für achtsame Wanderer. Wer das selbst erleben möchte, bucht eine **Alpaka-Schnuppertour** bei mindbalance.

Auf einer Weide hat sich Katja van de Ven mit einer eigenen Herde ihren Lebenstraum erfüllt. 2016 stieg die Produktmanagerin aus und erwarb drei Tiere. Mittlerweile hat sie **zwölf Alpakahengste.** Mogli, Noah, Neville und Co. unterscheiden sich nicht nur äußerlich, sondern auch im Charakter. Murphy war ihr erstes Alpaka. Er lässt sich kraulen, nimmt Blickkontakt auf und teilt Freude mit. Pi verdankt seinen Namen der kreisrunden Form seines Gesichtes. Unter allen Tieren gibt es, wie bei den Menschen, Freundschaften und Antipathien. McGee ist der Chef, mit seinen blauen Augen dominiert er die Herde und geht aus Kämpfen als Sieger hervor.

Für mich!
Mit Alpakas intensive Momente erleben

Als Coach und Alpakaguide bietet die leidenschaftliche Alpakabesitzerin Erlebnistouren durchs Puderbacher Land. Innerhalb von 1,5 Stunden wandert man mit seinem Tier auf Zeit etwa 3 Kilometer durch die **herrliche Natur.** Mit maximal zehn Personen geht es vorbei am ehemaligen Grubengelände Reichensteiner Berg, den plätschernden Holzbach entlang und nach einem Blick auf die Burg Reichenstein zurück zur Weide. Wer eine Ponywanderung erwartet hat, ist erstaunt von der Eigensinnigkeit der Tiere. Gleichzeitig spüren alle Teilnehmer die entspannende Wirkung, die die gemeinsame Wanderung bringt. Je achtsamer die menschlichen Begleiter, desto freundlicher die tierischen.

Neben den Schnuppertouren gibt es längere Touren, Kombinationen aus Whisky-Tasting und Alpakatour sowie die Möglichkeit zum Fotoshooting.

Mindbalance Alpakas, Burgstraße 4, 56305 Puderbach,
Tel. (01 52) 53 30 71 95, https://alpakas.my-mindbalance.de

PARADIESISCHE AUSSICHTEN

„Blumen sind das Lächeln der Erde", heißt es. Wer zwischen Sonnenblumen und Tulpen, Gladiolen und Co. umherstreift, wird sofort begeistert sein.

Ein blumiges Paradies gibt es seit 2020 nur wenige Meter von der Bundesstraße zwischen Montabaur und Herschbach entfernt. Von Anfang Mai bis Mitte Oktober laden **farbenfrohe Blumen** und Früchte zum Staunen und Genießen, zum Durchstreifen und Selbstpflücken ein.
Direkt gegenüber der Ausfahrt nach Eisen eröffnen in jedem Frühjahr mehr als 1500 rote und lilafarbene, gelbe und weiße, orange und fliederfarbene Tulpen die bunte Blumensaison. Parallel dazu entwickeln sich auf dem **1000 Quadratmeter großen Feld** gelbgoldene und zitronengelbe, dunkelrote bis vanillefarben changierende Sonnenblumen. Davor erblühen Bartnelken in Lila und Pink. 2500 Gladiolen in zartem Rosa bis zum dunkelsten Violett ziehen die Blicke mit ihren kräftigen Blüten auf sich. Zwischen den sorgsam angelegten Blumenreihen stechen die knallblau leuchtenden Kornblumen heraus. Klassische Strohblumen wehen im Wind, Zinnien in orange-gelber Schattierung gedeihen im Herbst vor Ort ebenso wie ihre lila- und pinkfarbenen Varianten.

Für mich!
Im Blumenmeer unter freiem Himmel baden

Ein kleiner Ausflug auf dieses gleichermaßen farbenprächtige wie beruhigend wirkende Feld macht doppelt Spaß. Wer durch seine Reihen streift, kommt ins Träumen und genießt mit allen Sinnen die Natur. Wenn man dann einen **Strauß** für die Freundin, Nachbarin oder für das eigene Heim zusammenstellt, trägt man die Freude mit sich, verlängert den glücklichen Moment.
Das Ehepaar Schmidt pflegt und gestaltet das Feld liebevoll. Jedes Jahr kommen neue Pflanzen dazu. Neben Blumen gibt es Wasser- und Birnenmelonen, Zierkürbisse und riesige Ausführungen zu Halloween. Blumen können zu jeder Zeit gepflückt werden. Der Kauf läuft auf Vertrauensbasis, eine Schiefertafel zeigt die Preise pro Stängel. Neben der blauen Tonnenkasse am Eingang finden sich Messer zum Schneiden des gewünschten Traumstraußes.

Blumenfeld Schmidt, an der Bundesstraße zwischen Montabaur und Herschbach, gegenüber der Ausfahrt Eisen

Die Macht der Farben

WIE UNS FARBTÖNE BEEINFLUSSEN

„Farben sind die Muttersprache des Unbewussten", schrieb der Psychiater Carl Gustav Jung. Menschen orientieren sich an optischen Signalen und lernen durch visuelle Botschaften. Neben der generationsunabhängigen Zuordnung von Farben: „Schwarz wie die Nacht", „Gelb wie die Sonne", ist auch deren Wirkung verblüffend. Farben beeinflussen uns auf vielfältige Weise. Sie können unsere Aufmerksamkeit lenken (Signalrot) und die unterschiedlichsten Gefühle auslösen (Grün).

Blau gilt weltweit als die Lieblingsfarbe der Menschen. Sie steht für Tiefe und Weite, Ruhe und Kreativität, kann aber auch kühl und distanzierend wirken. Überall verbindet man damit den Himmel und das Meer.

Grün ist die Farbe der Natur, sie symbolisiert Leben, Hoffnung und Harmonie. Sie wirkt entspannend. Egal, ob als Wandfarbe oder Bildschirmhintergrund eingesetzt, Grüntöne fördern Ideen, während grüne Ampeln freie Fahrt signalisieren. Neben den positiven Merkmalen sind Neid und Gift mit Grüntönen verbunden.

Gelb leuchtet. Die Farbe steht für gute Laune, wie unzählige Smileys weltweit beweisen. Wärme, Offenheit und Entfaltung werden ihr zugeordnet. Sie wirkt gegen depressive Verstimmungen. Orange verbindet Gelb und Rot. Das Ergebnis steht für Energie und Lebensfreude, Abenteuerlust und Optimismus. Bei Orange denken wir an den Herbst und die Erntezeit.

Rot ist die stärkste Signalfarbe. Sie steht für Aktivität, Dynamik, Leidenschaft, Liebe und Selbstbewusstsein. In einem roten Kleid fühlen wir uns attraktiver. Ein rotes Auto fällt besonders auf. Gleichzeitig steht die Farbe für Aggression. Blut ist rot, die Farbe alarmiert. Dieser Effekt kommt bei Straßenschildern zum Einsatz. Ihre Ambivalenz verdeutlicht der Volksmund: Wir „sehen vor Wut rot", rollen aber auch den „roten Teppich" aus.

Brauntöne verbindet man mit Holz und Erde. Bodenständigkeit und Sicherheit, Sanftmut und Sinnlichkeit sind gängige Attribute. Andererseits sind Schmutz und Verdorbenes braun. Violett ist die Farbe des Adels, der Macht und Magie. Sie wird mit Eitelkeit und Ehrgeiz verbunden, wirkt aber gleichzeitig beruhigend und konzentrationsfördernd.

Wer die Wirkung von Farben kennt, kann sich entsprechend kleiden. Gedeckte Farben wie Dunkelblau und Grau wirken seriös und sind in der Politik, Bank- und Versicherungsbranche beliebt. Unterliegt man keinem Dresscode, kann man zu stimmungskonformen Tönen greifen. Oft genügt schon ein Tuch oder eine Handtasche in einer besonderen Farbe, um die Laune zu heben. Komplementärfarben verstärken diese Wirkung. Rot harmoniert mit Grün, Blau mit Orange und Gelb mit Lila.

Neben der Farbwirkung gibt es die Farbsymbolik. Während Schwarz in Deutschland für Trauer steht, wird dieses Gefühl in China mit Weiß und in Südafrika mit Rot zum Ausdruck gebracht. Rot steht bei uns für Liebe und in China für großes Glück.

10 *Meine Atempause*

IM WINTERWUNDERLAND

Von weißen Landschaften bezaubert durch den knirschenden Schnee marschieren, die Region neu entdecken, Skilift, Snowtube oder Langlauf ausprobieren.

Der **Salzburger Kopf** ist auch ohne Kunstschnee ein sicheres Ziel für Winterwanderer und -sportler. Einer der höchsten Punkte im Westerwald bietet einen wunderbaren Skihang zum Rodeln, eine feine Piste inklusive Skilift für Skifahrer, eine trendige Snowtubebahn und idyllische Langlaufloipen.

Beim **Snowtubing** bzw. Reifenrodeln rutscht man in riesigen, luftgefüllten Reifen eine präparierte Piste hinunter. Wer eine Fahrt wagt, stellt sich am unteren Ende des Hangs an und wird im Reifen über ein Liftsystem auf den Berg befördert. Oben klinkt sich der Reifen vollautomatisch aus und die rasante Fahrt ins Tal beginnt. Weich gepolstert fliegt man über kleine Schanzen und wird immer schneller, bis man, nach etwa 1,5 Minuten, die wie in Zeitlupe vergehen, wieder im Tal ankommt. Nicht nur Kinder kaufen hier gern Zehnerkarten.

Für mich!
Im Schnee den Kopf frei bekommen

Zum **Rodeln und alpinen Skifahren** finden sich vor Ort zwei Pisten von je 250 Metern. Die breiten Hänge mit ihrem gleichmäßigen Gefälle sind perfekt für Fahranfänger und Fortgeschrittene. Zum nordischen **Langlauf** bieten sich Strecken mit verschiedenen Schwierigkeitsgraden an. 33 Kilometer lange Loipen führen vom Skilift bis nach Hof, nach Liebenscheid und es gibt eine Rundloipe um Stein-Neukirch. Für Neueinsteiger werden vor Ort Langlaufkurse angeboten. Wer eine verträumte Wanderung durch den Schnee machen möchte, findet dazu rund um den Salzburger Kopf viele Möglichkeiten.

Hier kann man die schneeweiße Landschaft auf verschiedene Weise genießen, bei einer ruhigen Wanderung oder bei Action im Schnee.

Die Anlage wird seit 1970 vom Salzburger Kopf e.V. betrieben. Skilift und Snowtube haben bei entsprechenden Schneeverhältnissen täglich geöffnet. Weitere Infos für Skihasen und Trendsportler, Schlitten- und Wanderfans, Après-Ski-Liebhaber und Glühweinfreunde finden sich online.

Salzburger Kopf, 56479 Stein-Neukirch,
Lifttelefon (0 26 67) 3 33, www.salzburgerkopf.de

NASSES BLAU IM GRÜNEN

Dicht am See entlangwandern und dabei Luft und Weite genießen. Sich beim Baden und Rudern treiben lassen. Auf der Liegewiese die Wolken beobachten.

Mit 128 Hektar ist der **Dreifelder Weiher** der größte der Westerwälder Seenplatte, die noch sechs weitere Seen umfasst. Wegen der Vielfalt an Vögeln und seltenen Pflanzen wurde er zum europäischen Fauna-Flora-Habitat-Schutzgebiet ernannt.
Wer einmal rund um den See wandert, kann die **herbe Schönheit der Natur** live erleben. Startet man am Parkplatz an der Seeburger Straße (gegenüber der Gaststätte Haus am See), kann man sofort den freien Blick auf den baumumringten See genießen. Wer sich von hier auf die 6 Kilometer lange Tour begibt, wird von quakenden Fröschen und Seevögeln begrüßt. Im dichten Schilf verstecken sich außerdem zahlreiche Waldbewohner, immer wieder knistert es überall. Der gesamte **Waldweg** führt dicht am See entlang. Nach etwa 1 Kilometer findet sich ein Hochsitz, der zur Vogelbeobachtung genutzt werden darf. Hier kann man einen Moment still dasitzen oder direkt weiter über eine Holzbrücke marschieren. Am Ufer tummeln sich Enten und Schwäne. Die gut ausgeschilderte Strecke führt durch ein kurzes Waldstück, dabei hat man den See fast immer im Blick. Unterwegs laden Sitzbänke zum Durchatmen und Genießen ein. Nach etwa 1 Stunde grünblauer Auszeit erreicht man wieder den Ausgangspunkt. Die rustikale Gaststätte Haus am See bietet mit dem großzügig verglasten Innenbereich zu jeder Jahreszeit einen tollen Seeblick. Hier lässt sich eine Pause entspannt bei Kaffee und Kuchen oder etwas Herzhaftem genießen. Im Sommer stehen außerdem rote **Ruderboote und kleine Tretboote** für eine chillige Tour auf dem See bereit.
Weitere Einkehrmöglichkeiten in Dreifelden sind die Gaststätte zum Seeweiher in der Kirchstraße (an der Dorfkirche), und die Dining-Range am Golfplatz in der Steinebacher Straße.

Für mich!
Mit Wald und See im Einklang

Wanderung um den Dreifelder Weiher, Seeburger Straße, 57629 Steinebach an der Wied

12 *Meine Atempause*

IDYLLISCHE PAUSE

Hier erwartet entschleunigungswillige Pendler, pausenbedürftige Wanderer und entspannungsfreudige Radfahrer ein verträumtes Stück prächtige Natur.

Wer die Bundesstraße zwischen Hundsangen und Wallmerod befährt, ist wahrscheinlich auf dem Weg zur Arbeit, auf dem Nachhauseweg oder möchte schnell eine Kleinigkeit einkaufen. Perfekt, wenn Zeit für einen kleinen Zwischenstopp bleibt.

Etwa 700 Meter hinter dem Hundsänger Sportplatz führt rechts ein kleiner Weg zur **Teichanlage** des Sportanglervereins Hundsangen. Wer hier abbiegt, fährt direkt aus dem Alltag raus.

Die Mitglieder des Vereins rekultivierten das ehemalige Tongrubengelände aufwendig. Seit 1977 fischen die heimischen Angler vor Ort waidgerecht. Der Fischbestand und die üppige Natur werden seit Jahrzehnten sorgsam gehegt und gepflegt. Mit der Zeit entstand so ein feines Biotop, in dem die **Seerosen** prächtig blühen, die Fische vor Freude springen und die Luft ein bisschen mehr als anderswo nach Erholung und Urlaub duftet. Die etwa 1 Hektar kleine Anlage ist mittlerweile mit fast allen **heimischen Fischarten** wie Forellen, Hechten, Zandern, Aalen, Karpfen, Schleien und Rotfedern besetzt. Zwischen den zahlreichen, wild wuchernden Sträuchern und dem idyllischen Gewässer tauchen immer wieder Enten und Fischreiher auf und unter. Und manchmal kommt sogar ein Eisvogel vorbei.

Für mich!
Am Wasser entspannen und die Natur beobachten

Das kleine Paradies am Ende der Straße ist für Touristen und Einheimische, Wanderer und Radfahrer ein echtes Highlight. Besucher schauen entspannt auf das grünblaue Wasser und die prachtvollen rosaroten und weiß leuchtenden Seerosen. Geht die Sonne gerade auf oder unter, lassen sich die Wasserpflanzen beim Aufgehen und Schließen beobachten. Wer einfach still dasteht, wird mit etwas Glück erleben, wie ein Fisch übers Wasser springt. Wer in die Ruhe hinein lauscht, kann im Hintergrund **Vögel** durchs Geäst schwirren hören.

Außerdem gibt es in der Umgebung mehrere Rad- und Wanderwege, die sich mit einem Stopp am Weiher perfekt kombinieren lassen.

Teichanlage, an der B 8 zwischen Hundsangen und Wallmerod

13 *Meine Atempause*

SÜSSE VERFÜHRUNG

Wenn jeder Cupcake ein kleines Kunstwerk ist und feiner Karamellduft in der Luft liegt, fällt die Auswahl schwer. Am besten nimmt man beides.

Manche Tage werden durch besondere Köstlichkeiten perfekt. Egal, ob es etwas zu feiern gibt, man spontan eine Freundin erfreuen möchte, oder sich selbst für etwas belohnt, die kleine **Patisserie TortenArt Langolf** in Diez hat genau die richtigen Leckereien.

Kunstvolle **Cupcakes** mit fruchtig-cremigen, schokoladigen oder alkoholhaltigen Füllungen stehen fein garniert und bunt verziert in der Theke. Daneben eine Auswahl an Kuchenlollis, die so verführerisch ist, dass man am liebsten in jeden einzelnen **Cake-Pop** reinbeißen würde. Von den knusprigen Keksen, der hausgemachten Schokolade und der Creme de Caramel könnte man sich glatt einen Vorrat anlegen, denkt man, während einen die charmante Inhaberin berät.

Für mich!
Leckere Momente köstlich genießen

Die **Creme de Caramel** ist ein Brotaufstrich, der aus wenigen natürlichen Zutaten entsteht und ihr erster Verkaufsschlager war. Die Karamellbonbons sind handgemacht und die Schokolade wird vor Ort mit Nüssen, Pistazien, Cranberrys und Co. veredelt. Der **Käsekuchen im Glas** ist ebenso beliebt wie die zarten Macarons mit wechselnden Füllungen. Natalie Langolf bezieht so viele Zutaten wie möglich aus der Region. Ist das aus irgendeinem Grund nicht machbar, wird Bioqualität eingesetzt.

Die gelernte Konditorin startete 2012 mit **Hochzeitstorten** in die Selbstständigkeit. Prachtvolle Torten sind bis heute ihr Markenzeichen. Egal, ob drei- oder fünfstöckig, in Form eines Teddybären, eines erdbeergefüllten Weidenkorbs oder im cleanen Look mit reduzierter Blumendeko, schon der Anblick ihrer süßen Kunstwerke macht glücklich.

In der kleinen, weiß-rosé eingerichteten Patisserie mit charmanten Holzmöbeln und Samtsofa gibt es zwei Sitzplätze. Im Sommer steht für Gäste außerdem eine Bank vor dem Laden. Die meisten Leckereien sowie Kaffee und Tee werden mit nach Hause genommen oder bei einem Spaziergang am idyllischen Lahnufer, das nur 150 Meter entfernt ist, verzehrt. Mmh!

TortenArt Langolf, Rosenstraße 25, 65582 Diez

ROTER ROSENREGEN

Intensiv wirkt der Besuch des prachtvollen Rosengartens. Hier kann man sitzen und staunen, ein Buch lesen oder rosigen Zeiten entgegensehen.

Unter dem Motto „Verweilen & Genießen" kann man im **Rosengarten auf dem Herzenberg** in Hadamar eine farbenprächtige Auszeit vom Alltag erleben. Auf einem Areal von 3800 Quadratmeter garantiert der englische Rosengarten seit mehr als 20 Jahren Entspannung pur.
Die einmalige Anlage entstand aus einer Privatinitiative von Rosenliebhabern nach deren eigenen Ideen. Der **Rosengarten** wurde als klassischer englischer Garten mit unterschiedlichen Gartenteilen angelegt. Aus dem Feng Shui wurde die Idee der räumlichen Gestaltung in unterschiedliche Einheiten, analog zu einem Haus mit verschiedenen Zimmern, übernommen. Dabei fungieren Eibenhecken, Spalierbäume, Rosenbögen und Natursteinmauern im Garten als „Raumteiler". Die an zahlreichen Pflanzen wie Buchskegeln und -kugeln umgesetzten geometrischen Formen folgen formalen **Regeln eines französischen Gartens** und schaffen ein herrschaftliches Ambiente. Die **englischen Elemente** sorgen für verspielte, natürliche Momente. Ungezügelt breiten sich zwischen kultivierten Rosen und gestutzten Hecken zahlreiche Stauden und Sommerblumen aus. Im Laufe der Jahre wurde die Anlage umfangreich erweitert.

Für mich!
Farbenpracht und Duftexplosion erleben

Überall laden heute Sitzgelegenheiten zum Verweilen ein. Die Rundbank um den Maulbeerbaum steht im holländischen Garten, wo die Farbe Orange dominiert. Der **Duftkräutergarten** bietet mit seinen hohen Hecken eine eigene Welt zur Entspannung. Und der **Bauerngarten** verführt mit seiner romantischen Rosenlaube zum Träumen. Der römische Etagenbrunnen ist von Zypressen gesäumt und entführt Betrachter in die Toskana.
Der versunkene, weiße Garten lässt nicht nur Rosenliebhaber entspannt abtauchen, während der **japanische Garten** mit seinem murmelnden Bachlauf eine eigene Gartenwelt bietet.
Eine farbenfrohe Auszeit ist in den Sommermonaten täglich von 8 bis 21 Uhr kostenlos möglich.

Rosengarten Hadamar, Auf dem Herzenberg, 65589 Hadamar,
Tel. (01 78) 5 41 66 04, www.rosengarten-hadamar.de

SO SCHMECKT HEIMAT

Dieses Genusserlebnis verbindet Cafébesuch und Wanderung. Es beginnt mit Kuchen, führt zur Krombachtalsperre und endet bei einem Snack oder leckerem Eis.

Steffi Mück-Bahr und Mathias Bahr eröffneten 2007 das **Café Windlück** in ihrem denkmalgeschützten Westerwälder Bauernhaus. Im ehemaligen Kuhstall entstanden Küche und Backstube. Die weiteren Stallungen baute das Paar zu feinen Gasträumen um. Antike Sitzmöbel, Fotos aus vergangenen Zeiten, ein gusseiserner Holzofen, eine zum Tisch umgebaute Nähmaschine, Sammeltassen und Kristallgläser laden zum gemütlichen Verweilen ein.

Vor Ort werden alle **süßen und herzhaften Backwaren** frisch zubereitet. Mindestens 15 Torten und Hefekuchen, Nussecken und saisonale Leckereien stehen an jedem Wochenende zur Auswahl. Die Marzipantorte Gerti, die Hexentorte Elke und die Preiselbeer-Vanille-Sahne mit Nussböden sind nur drei Beispiele für die fantasievollen Kreationen der Inhaberin. Wer sich nicht entscheiden kann, isst etwas vor Ort UND nimmt ein paar weitere Stückchen mit nach Hause. Auch die Getränkekarte bietet witzige Alternativen zu den üblichen **Kaffeespezialitäten.** Besonders lecker sind der „DoroTee", der „lustige Achim" und der „sehr lustige Achim" (mit Alkohol).

Für mich!
Genussvoll wandern und einkehren

Neben Kuchen und Torten gibt es köstliches Eis von der Lahnauer Eismanufaktur Eiszeit. Der Partner des Cafés bietet mit seinen 100 Prozent handwerklichen Kreationen aus natürlichen Zutaten die ideale Ergänzung. Als „Gegengift" zum traumhaft leckeren Backwarensortiment bezeichnen die Inhaber ihr Angebot an herzhaften Spezialitäten. Je nach Saison gibt es Zwiebelkuchen, Räubertopfgulasch oder herzhafte Fladen mit unterschiedlichem Belag wie Feige-Ziegenkäse oder Tomate-Minz-Pesto.

Vor oder nach dem Cafébesuch bietet sich eine **Wanderung** an der 500 Meter entfernten Krombachtalsperre an. Wer sich vor der 8 Kilometer langen Seeumrundung mit Aussicht auf Wald und Wiesen, See und Tiere mit einem Stück Torte stärkt, hat nach dem Marsch sicher Hunger auf etwas Herzhaftes, oder doch eher auf ein Eis?

Café Windlück, Windlück 1, 56479 Rehe,
Tel. (0 26 64) 99 07 68, www.windlueck.de

ABENTEUERLICHE AUSZEIT

Tief hinab in eine Klamm steigen, bemooste Felsen berühren, durch die wildromantische Natur streifen und auf kleinen Brücken verweilen.

In der Nähe von Lahnstein erwartet Wanderer an der **Ruppertsklamm** ein besonderes Abenteuer. Direkt hinter dem Parkplatz geht es über einen idyllischen Wanderweg in eine verwunschene Welt. Zwischen Tonschiefer und Sandstein hat sich ein Bach seinen Weg gesucht.
Nachdem die Klamm zwischen 1910 und 1912 erschlossen wurde, steht sie seit 1936 unter Naturschutz. Eine Gedenktafel an der imposantesten Stelle, einer glatten Felswand, erinnert daran.
An mehreren Stellen hangelt man sich mithilfe eines Seils den Weg entlang, anderswo sind **Stufen in den Felsen** gehauen. Kleine Brücken helfen, Hürden zu überwinden. Die vermoosten Felsen sind ebenso schön wie glitschig. Wer eine Taschenlampe mitführt, kann kurz vor dem Ende der Klamm einen Tunnel erforschen.

Für mich!
Den Körper in der Natur spüren

Idealerweise startet eine Wanderung an der oberen Eingangsstelle der Klamm direkt an der B 260. Vom Parkplatz aus ist das hölzerne Eingangstor nur 100 Meter entfernt. Von hier wandert man die Schlucht hinab. Geboten wird eine spannende Mischung aus Waldwegen und Kletterabenteuer. Die einzigartige Atmosphäre wird von moosigem **Naturduft** begleitet. Kommt die Sonne zwischen den Bäumen hindurch, ergibt sich an den feuchten Felswänden ein prachtvolles **Farbenspiel.** Für die Strecke nach unten und wieder steil bergauf sollte man gut 1 Stunde Zeit einplanen.
Für alle Wanderer steht am oberen Ende der Klamm vor dem Eingang eine **Schutzhütte** bereit. Hier lässt sich entspannt eine Pause verbringen. Alternativ findet sich am unteren Ende der Klamm die Gaststätte Zum Schleusenhäuschen, wo man im Sommer einkehren kann. Direkt am Lahnufer lassen sich im Hafen die Hausboote beobachten. Dabei kann man dem Traum vom Aussteigerleben für einen Moment intensiv nachspüren.

Ruppertsklamm, Emser Landstraße 20, 56112 Lahnstein

17 Meine Atempause

UM DIE EIGENE ACHSE

Einen tollen Ausblick zur Fuchskaute, bis nach Montabaur und in Richtung Koblenz genießen. Am umfangreichen Buffet das Lieblingsgericht entdecken.

Das Westerwaldlied und speziell der Refrain „Über deinen Höhen pfeift der Wind so kalt“ könnte in Bad Marienberg entstanden sein. Schließlich ist es hier immer ein bisschen luftiger als anderswo. Am Rand des Wildparks, rechts neben Kletterpark und Nordic-Walking-Strecke, liegt das **Panorama-Drehrestaurant.**

Im fünften Obergeschoss des Wildpark Hotels erwartet Besucher ein kulinarischer Genuss und eine **einmalige Fernsicht.** Mit dem Lift geht es direkt ins Restaurant. Hier nimmt man an einem der 15 Tische Platz und kann einen Ausblick genießen, der sich permanent verändert. Dazu muss man noch nicht einmal aufstehen. Denn der gesamte Sitzbereich dreht sich innerhalb von 75 Minuten einmal um die eigene Achse. Entspannt lässt sich bei einer Tasse Kaffee und frischem Kuchen immer wieder eine andere Aussicht bestaunen. Von einer Stelle blickt man über die Dächer der Stadt, über zahlreiche Wälder und Wiesen bis zur **Fuchskaute.** An einer anderen Stelle folgt das Auge der Region bis nach **Montabaur.** Und beim weiteren Drehen des Tisches scheint vor dem komplett verglasten Bereich Koblenz greifbar. Als kleine Orientierungshilfe für die verblüfften Gäste finden sich an einigen Fenstern Markierungen und Standortinformationen.

Für mich!
Aussichtsreicher Genuss schmeckt atemberaubend gut

Aufstehen muss man nur, wenn man zum **Lunch- oder Dinnerbuffet** kommen möchte. An jedem Wochenende gibt es saisonal wechselnde Vorspeisen wie Suppen und Salate, drei verschiedene Hauptspeisen und ein Nachtischbuffet mit feiner Dessertauswahl. Um das Buffet drehen sich die sitzenden Gäste im Laufe der Eineinviertelstunde ebenfalls um 360 Grad.

Anschließend bietet sich ein **Spaziergang durch den Wildpark** an. Der 4 Kilometer lange Rundweg startet direkt vor der Tür, ist kostenlos und durchgehend geöffnet. Hier finden sich Wildschweine, Rot- und Damwild, Wisente, Lamas, Nandus und Waschbären.

Wildpark Hotel, Kurallee 2, 56470 Bad Marienberg,
Tel. (0 26 61) 62 20, www.wildpark-hotel.de

ZWEIRAD-ENTSPANNUNG

„Wenn ich die See seh', brauch ich kein Meer mehr", denkt man beim Blick über den Wiesensee. Mit dem E-Bike lässt er sich auf besondere Art erkunden.

Bei der Touristinfo Wällerland kann man E-Bikes für 1 Stunde oder länger mieten. Eine Schnupperstunde ist ideal, um den See und das Rad kennenzulernen. Auf soliden Rädern startet die **Fahrt um den See.** Umrundet man diesen linksherum, beeindruckt direkt hinter der Stauanlage ein Weitblick bis zum Ufer gegenüber. Die Radtour geht weiter über einen baumgesäumten Streckenabschnitt. Immer wieder kann der Blick zum Wasser wandern.

Am kleinen Hafen des Segelclubs Wällerwind bietet sich eine kurze Guckpause bei den Booten an. Der Rundweg verläuft oberhalb der Liegewiese Palzhahn, einen Stich hinunter bis zur Surfschule. Hier lassen sich mit etwas windigem Glück die Surfer bewundern. Die Tour passiert auch das FFH- (Flora, Fauna, Habitate) Schutzgebiet. Ein 46 Hektar großer Teil der Uferzone gehört zum **FFH-Naturschutzgebiet Seebachtal.** Die Radstrecke kreuzt nun mehrfach die Golfanlage Wiesensee. Gemütlich kann man hier einen Gang herunterschalten und links und rechts den saftig grünen Rasen bewundern. Auf dem letzten Kilometer des insgesamt etwa 7 Kilometer kurzen Rundwegs hat man einen wunderschönen Fernblick über Wildwiesen und Wälder. Zurück an der Leihstation bietet sich eine Verschnaufpause auf der riesigen **Hollywoodschaukel** mit freiem Blick über den See an.

Für mich!
Entspannt um den See radeln

Der **Wiesensee** wurde erstmals 1270 urkundlich erwähnt. Ende des 18. Jahrhunderts war allerdings nur noch ein Sumpfgebiet übrig. 1971 erinnerte man sich und sorgte dafür, dass der See sich erneut anstauen konnte. Heute ist das attraktive Erholungsgebiet 80 Hektar groß und bietet vielfältige Möglichkeiten zur Freizeitgestaltung. Auch der barrierefreie Rundweg „Kleiner-Wäller-Wiesensee" lädt zum entspannten Walk ein. Unter dem Motto „Namasté am Wiesensee" finden sich entlang der Strecke neben den zahlreichen Baumel- und Relaxbänken Plakate, die mit einfachen Yogaübungen zum Mitmachen einladen.

Radtour um den Wiesensee, Fahrradverleih WällerLand am Wiesensee, Winner Ufer 9, 56459 Stahlhofen am Wiesensee, Tel. (0 26 63) 29 14 94

EIN HAUCH NOSTALGIE

Kein Internet, kein WLAN, aber unendlich viele grüne Bäume und das gleichförmige Brummen der nostalgischen Ein-Waggon-Bahn laden zum Entspannen ein.

Südlich von Bonn treffen Siebengebirge und Westerwald aufeinander. Dazwischen liegt das **Kasbachtal** mit urwüchsigen Wäldern, steilen Hängen und schroffen Basaltsteinbrüchen. Zwischen Linz am Rhein und Kalenborn fährt die Kasbachtalbahn, ein historischer Schienenbus aus den Fünfzigerjahren.

Wenn der rote Wagen im Bahnhof einläuft, beginnt eine **Reise durch die Zeit.** Das Relikt vergangener Tage ist mit zwei Zugbegleitern besetzt. Beim Einsteigen fallen sofort die niedrige Deckenhöhe, der Einhandmechanismus der umklappbaren Sitze und die großen Fensterflächen mit den winzigen Schiebefenstern auf. Kaum hat man auf den hellblauen, dicken Ledersitzen Platz genommen, startet die nostalgische Kurzreise. 20 Minuten Schienenwege, links und rechts von zahllosen Bäumen gesäumt, erinnern an die eigene Kindheit und klassische Filmhighlights aus den Fünfzigerjahren.

Für mich!
In die Vergangenheit reisen

Die kurze Fahrt mit der kleinen Bummelbahn lässt sich perfekt mit einer **Wanderung** erweitern. Ein romantischer Wanderweg verläuft vom Bahnhof Kalenborn in unmittelbarer Nähe zur Bahnstrecke entlang dem Kasbach. Dieser Rheinsteig-Zubringerweg ist mit einem gelben „R“ ausgeschildert. Der 6 Kilometer lange Wanderweg verläuft talabwärts. Über lange Strecken wirkt der Weg wie eine Allee. Das **Plätschern des Baches** begleitet den größten Teil des Verlaufs. Ein Zwischenstopp in der Alten Brauerei im Kasbachtal mit einem Colonialwarenhandel und einem bezaubernden Innenhof passt ideal zum Nostalgiefeeling. Nach einer kleinen Vesperpause führt die Wanderung nach Kasbach bis zum Viadukt, auf dem die Bahn Höhenmeter zwischen Rhein und Anhöhe ausgleicht. Alternativ kann man die Einstiegsstation zum Schienenbus an der Brauerei für die letzten 2 Kilometer nutzen.

Kasbachtalbahn, Bahnhof Linz, Bahnhofstraße 1,
53545 Linz am Rhein, Gleis 3, www.zugtouren.de

2
Batterie
2x110kW

20 *Meine Atempause*

EINE OASE IN DER WÜSTE

Zwischen grauem Basalt und einem stillgelegten Abbauwerk wirken die Bäume grüner, das Wasser blauer und die Kunst lebendiger.

Bevor der Stöffelpark zum Besucherzentrum wurde, war er ein Basaltwerk. Von 1902 bis 2000 wurde **Basalt** abgebaut. Die enormen Vorkommen verdankt die Region um Enspel einem Vulkan, der vor 25 Millionen Jahren ausbrach. „Damals knickten die Bäume wie Strohhalme, der Boden versank in einem Krater, eine 20 bis 30 Kilometer hohe Explosionswolke stieg auf. Kilometerweit regnete es Steine und vulkanische Asche“, heißt es am Eingang des Infozentrums.

In den Achtzigerjahren entdeckten Kinder auf dem Gelände fossile Pflanzen und Tiere. Daraufhin grub man weiter und machte einzigartige, bedeutende Funde, wie die sogenannte Stöffelmaus.

Für mich!
Einmalige Perspektiven erfahren

Heute kann man durch den mehr als 40 Hektar großen **Park** spazieren oder das Gelände mit dem Fahrrad erkunden. Überall findet sich frei zugängliche Kunst, wie der „Landsitz“. Nimmt man dort Platz, hat man einen atemberaubenden Weitblick. Geht man weiter, begegnet man Romeo, der betagten Dampfmaschine, und Hannes sowie Grete. Die beiden Eulen sitzen entspannt in ihrer riesigen Voliere und betrachten Gäste neugierig. Weiter geht es auf dem insgesamt 2 Kilometer langen Weg zum kleinen **See.** Zwischen grauen Steinbergen wirkt das idyllische Gewässer mit Holzsteg und Liegebank, Seerosen und Schilf, Karpfen und Fröschen wie eine Oase in der Wüste. Wer hier Platz nimmt, nimmt die Natur auf neue Weise wahr.

Direkt am See befindet sich auch der **Sinnespfad.** Zahlreiche Beete laden zum Riechen, Schmecken und Staunen ein. Hier summt und brummt es überall. Dafür sorgen das blaulila angelegte Hummelbeet, das weißgelbe Nachtfalterbeet und der bunte Wildbienenbereich. Hier findet sich außerdem der **Steinfühlpfad.** Wer die Schuhe auszieht, kann die Unterschiede zwischen Basalt, Schiefer, Lahnmarmor, Quarzit, Rheinkiesel und Grauwacke testen. Der Park ist von März bis Oktober geöffnet. Vor Ort erhält man einen Lageplan zur eigenständigen Erkundung.

Stöffelpark, Stöffelstraße, 57647 Enspel,
Tel. (0 26 61) 9 80 98 00, www.stoeffelpark.de

STOFFEL-PARK

21 *Meine Atempause*

LESEERLEBNIS

Hier liegt Literatur in der Luft. Zwischen Belletristik und Reiseliteratur, Fachmagazinen und Bildbänden bleibt die Zeit stehen.

In dritter Generation bietet die **Buchhandlung Reuffel** ein erlesenes Medienangebot. Mehr als 25.000 Buchtitel erwarten Buchliebhaber allein im Stammhaus in der Oberen Löhr in Koblenz. Traditionell ist hier für jedes Interesse ein passendes Exemplar zu finden.

Mutig gründete die 34-jährige Anita Reuffel 1945 ihre Buchhandlung in der elterlichen Wohnung. 1950 zog sie in die Obere Löhr um. Der Sohn übernahm 1974 die Leitung, modernisierte und erweiterte das Unternehmen gemeinsam mit seiner Frau. Es entstanden weitere, familiär geführte Buchhandlungen in Montabaur und Mayen sowie ein zweiter Koblenzer Standort. 2017 übernahm der Enkel der Gründerin, Robert Duchstein, die Geschäftsführung. Nach wie vor steht Reuffel für eine fein kuratierte Buchauswahl, tolle Beratung und ein **entspanntes Ambiente** mit zeitgemäßem Service.

Für mich!
In fremden Welten versinken

Schon am Eingang spürt man, dass **Lesen** hier als **Gesamterlebnis** gefeiert wird. Fragen wie „Welchen nordischen Krimi können Sie mir empfehlen?“, „Ich liebe den Schreibstil von Bernhard Schlink, was gibt es Vergleichbares?“ oder „Welche Reiseliteratur ist für heimatliebende Urlauber interessant?“, werden mit interessierter Ruhe und lesebegeisterter Kompetenz in allen Standorten von den mehr als 100 Buchmenschen täglich gern beantwortet.

Wer sich im Stammhaus von Abteilung zu Abteilung bewegt und zwischen all den inspirierenden Bildbänden, Krimis und Romanen, Fach- und Sachbüchern nicht entscheiden kann, nimmt im Salon Platz. Bei Kaffee und kleinen herzhaften und süßen Speisen kann man entspannt blättern und verweilen, von fernen Reisen träumen oder in einem Roman versinken. Der Veranstaltungskalender der Buchhandlung und die Leseempfehlungen des Magazins ReuffelSofa bieten weitere Anregungen für eine aufregende Freizeitgestaltung.

Buchhandlung Reuffel, Löhrstraße 92 (Stammhaus) und Altlöhrtor 32–34, 56068 Koblenz, www.reuffel.de

#WE
PROUDLY
PRESENT

Die Magie der Literatur

Die Fülle des Lebens

WIE MAN BÜCHER NEU ERLEBEN KANN

„Vögel haben Flügel, Menschen haben Bücher", ist ein wunderschönes Zitat. Während Romane und Krimis, Gedichte und Bildbände in andere Welten entführen, bieten Ratgeber und Sachbücher neue Erkenntnisse. Ist ein Buch zu Ende gelesen, wird es meist im Regal verstaut und nur selten nochmal in die Hand genommen. Gleichzeitig fällt es vielen schwer, sich von Werken endgültig zu trennen. Damit künftig nur noch Lieblingsbücher in den eigenen vier Wänden Platz finden, gibt es ein paar tolle Tricks.

Querlesen
Wer sich nicht entscheiden kann, ob ein Buch ausgedient hat oder ob man es vielleicht erneut lesen sollte, nimmt einfach das erstbeste aus dem Regal. Überlegt, welches Datum gerade ist, und schlägt die entsprechende Seite auf (Am 8. eines Monats die Seite 8). Gelesen werden nun die Zeilen, die zuerst ins Auge springen. Scheinen diese interessant, nimmt man die Uhr

zu Hilfe. Zeigt sie 21.45 Uhr, sind die Seiten 21 und 45 einen Blick wert. Details tauchen auf. Man bekommt Lust, das ganze Buch neu zu entdecken. Oder auch nicht. Dann kann es endgültig weg.

Buchpass

Jeder hat seine eigene Methode, Bücher auszuwählen. Der eine greift nach einem Exemplar, weil ihn das Cover anspricht, der nächste hat einen Lieblingsautor oder -verlag, exakte Themenvorstellungen oder ein festes Leseziel vor Augen. Ein Leser möchte lachen, ein anderer gefesselt werden (im übertragenen Sinn). Ein weiterer will etwas Neues lernen oder sich in einer Geschichte wiederfinden. Viele haben Vorlieben bei der Buchlänge, dem Land oder der Epoche, in denen eine Handlung spielen soll. Manche wechseln das Genre nach Stimmung, Jahreszeit oder Anlass. Wer bisher zwischen Krimi- und Sachbuchphasen geswitcht hat, greift beim nächsten Mal vielleicht direkt zum wissenschaftlichen Krimi?

Um die eigenen Lesegewohnheiten zu erforschen, sind auch Fragen wie „Wohin reise ich am liebsten in Gedanken?“, „Welches Genre habe ich in meiner Kindheit und Jugend bevorzugt?“ interessant.

Mit allen Sinnen

Um das Lesen zu intensivieren, bieten sich passende Getränke, kleine Speisen, Gewürze und Gerüche an. Wurde eine landestypische Spezialität in einem Buch erwähnt? Eine Kostprobe lässt sich bestimmt organisieren. Google bietet außerdem tolle Anregungen. Mit wenig Aufwand liest man den nächsten Londonroman bei einem Five-o’Clock-Tea und Scones oder eine italienische Saga bei Espresso und Dolci besonders aufmerksam.

Ein Buchjournal ist perfekt, um Gelesenes in Stichworten festzuhalten. Hier kann man Fremd- und Lieblingswörter auflisten und der Lesestimmung noch nach Jahren nachspüren.

Spannend ist außerdem der Austausch unter Freunden. Wird man als Gelegenheits- oder Vielleserin wahrgenommen? Ist die Nachbarin Krimi- oder Ratgeberfan? Hat die Kollegin die gleichen Lieblingsautoren? Bei einem Tee oder Kaffee macht die Unterhaltung doppelt Freude.

22 *Meine Atempause*

RUHE IN DER STADT

Mitten in der Altstadt von Koblenz die trubeligen Gässchen hinter sich lassen und ein paar Jahrhunderte in die Vergangenheit reisen.

Spaziert man durch die **Altstadt von Koblenz,** vorbei an kleinen Läden, dem Kunstgässchen mit seinen verwinkelten Häuschen und schmalen Gängen, findet man sich irgendwann an Rhein oder Mosel wieder.
Wer sich Richtung Mosel orientiert, kreuzt den **Florinsmarkt.** In früheren Zeiten war hier der politische und wirtschaftliche Mittelpunkt von Koblenz. Betritt man den Platz mit seinem gepflegten Gebäudeensemble, beeindrucken die Florinskirche mit ihrer Doppelturmfassade und das gotische Kauf- und Danzhaus von 1419.

Für mich!
Koblenzer Kleinod mit allen Sinnen genießen

Wer mitten auf dem Platz steht und nach oben schaut, findet unterhalb der Turmuhr eine einzigartige Figur. Sie erinnert an den berüchtigten Raubritter Johann Lutter von Kobern. Bevor dieser 1536 enthauptet wurde, erzählte er den Menschen, dass ein Denkmal zu seinen Ehren Glück bringen würde. Zur Bestärkung dieser Aussage soll er die Augen gerollt und die Zunge herausgestreckt haben. Der Augenroller entstand. Dessen Augen rollen heutzutage im Takt des Pendels, während die Zunge zu jeder vollen und halben Stunde zu sehen ist.
Rechts neben der Florinskirche fällt ein Eisentor auf. Hier befindet sich der **Florinsgarten.** Geht man hinein und folgt dem kleinen Weg, öffnet sich ein Garten mit Grünfläche und zahlreichen Sitzgelegenheiten. Wer Platz nimmt, blickt auf den Kreuzgang des Kapitelhauses. Die leicht verwitterte, weiß-rote Fassade entführt in vergangene Zeiten. Die Ruhe der kleinen Anlage mit den hohen Steinmauern lädt zum Entspannen und Lesen, Eisessen und Ausruhen zwischen Rosenstöcken und altem Baumbestand ein. Bei schlechtem Wetter bietet sich eine Atempause in der **Florinskirche** an. Wer in einer Kirchenbank Platz nimmt, ahnt nichts von der wechselvollen Geschichte. Eine ganz besondere Atmosphäre erlebt man auch in der romanischen Basilika St. Kastor. Die älteste Kirche von Koblenz beeindruckt von außen und innen.

Altstadt mit Florinsgarten, 56068 Koblenz

23 *Meine Atempause*

NATUR SPÜREN

Sehen, hören, fühlen, riechen, schmecken und spielen – der Park der Sinne in Bad Marienberg bietet ein Erlebnis für alle Sinne.

Im Park der Sinne kann man mitten in der Stadt die Natur genießen. Er besteht aus drei Teilen: dem **Apothekergarten,** dem Barfußweg und der Boulebahn.

Am Eingang des Kräuterparadieses erwartet ein bunt dekorierter, mächtiger Baum die Besucher. Es finden sich mehr als **100 verschiedene Pflanzen** von der Königskerze bis zum Lavendel. Man sagt: „Für jede Krankheit ist ein Kräutlein gewachsen." Hier wird erklärt, welches Kraut bei Husten, Schlaflosigkeit oder anderen Beschwerden hilft. Vom Frühjahr bis in den Herbst grünen und blühen die Kräuter. Man erfährt, dass auch „Unkräuter" wie Knoblauchrauke und Storchschnabel der Gesundheit dienen und gleichzeitig eine wichtige Nahrungsquelle für Bienen, Schmetterlinge und andere Insekten sind. Daneben sorgen die schiere Farbenpracht und die vielfältigen Düfte für einen echten Glücksmoment. Viele Pflanzen riechen so intensiv, dass es genügt, mit der Nase etwas näher heranzugehen. Bei anderen lohnt sich das sanfte Reiben eines Blattes zwischen den Fingerspitzen. Den Garten kann man langsam umrunden oder einen Moment mitten in diesem Raum des Wohlbefindens Platz nehmen.

Für mich!
Auszeit mitten in der Kleinstadt

Ein anderes Sinnerlebnis bietet der **Barfußweg** direkt gegenüber. Mit nackten Füßen kann man auf dem Rundweg 16 verschiedene Beläge live erspüren. Die kurze Strecke führt durch eine herrliche Streuobstwiese. Mit geschlossenen Augen fühlt man die kantigen Holzhackschnitzel, das harte Natursteinpflaster, den weichen Rindenmulch, die runden Flusskiesel, das aneinandergereihte Rundholz, die rauen Baumscheiben und den frischen Rasen. Abgerundet wird das Erlebnis durch die zwei Kneippwasserbecken.

Im dritten Teil des Parkes bietet sich die Gelegenheit zum Spiel. Auf der **Boulebahn,** oberhalb des Apothekergartens, kann man eine Partie Boule spielen. Wer keine eigenen Kugeln hat, leiht diese bei der Touristinformation aus.

Park der Sinne, Wilhelmstraße 10, 56470 Bad Marienberg

EWIGES EIS ENTDECKEN

Wer an heißen Sommertagen eine kühle Brise sucht, kann bei einer kleinen Wanderung mitten im Westerwald eine natürliche Erfrischung erleben.

Die Dornburg ist eine **Basaltkuppe** zwischen Frickhofen und Wilsenroth. Vor etwa 2000 Jahren entstand hier die 37 Hektar große befestigte Anlage eines keltischen Stammes. Einen Eindruck davon vermittelt der Keltenrundwanderweg. Auch der Blasiussteig, ein wunderschöner 21 Kilometer langer Rundweg, führt dort entlang.
Nur eine halbe Stunde Zeit ist nötig, um das Ewige Eis und seinen märchenhaften Wanderpfad zu entdecken. Der etwa 2 Kilometer kurze **Rundweg** führt links neben dem Parkplatz in den Wald. Bereits nach wenigen 100 Metern wird ein Berg aus riesigen Steinen sichtbar. Am Fuße dieser Anhöhe befinden sich zwei Schächte, deren Windzug weit vor den Gitterstäben spürbar ist. Beim Anblick des Geröllfeldes sehen fantasiebegabte Menschen vielleicht einen Bergriesen vor sich, der vor langer Zeit mit Steinen um sich geworfen hat?

Für mich!
Durch die facettenreiche Natur wandern

Tatsache ist, dass Arbeiter 1839 beim Abtragen des Hangs 2 Meter tiefe **Vereisungen** vorfanden. Darunter war das Erdreich tiefgefroren. Diese Gegebenheit machte sich eine Brauerei zunutze und legte zwei Eisstollen an. Die Brauerei brannte 1886 ab, das im Westerwald **einmalige Naturphänomen** ist bis heute zu bewundern. Zur Entstehung gibt es neben der geophysikalischen Erklärung eine Legende. Sie erzählt von zwölf goldenen Apostelbildern, die in zwei Brunnen versenkt wurden. Die Brunnen vereisten augenblicklich, die Bilder sind im Inneren sicher geborgen.
Nach dieser sagenhaften Abkühlung folgt man dem idyllischen Weg nach rechts, wandert über Waldboden vorbei an einer felsigen, moosbewachsenen Lichtung. Weiter geht es zur Dornburg, der ehemaligen Brauerei, die nun ein Jugendheim mit Waldspielplatz ist. Wieder biegt man rechts ab, bleibt auf dem rechten Weg und gelangt entspannt zurück zum Parkplatz. Am Morgen und Abend ist die Vogel-, Reh-, Hasen- und Eichhörnchendichte besonders hoch.

Wanderpfad zum Ewigen Eis, Parkplatz an der L 3278, 65599 Dornburg-Frickhofen

25 *Meine Atempause*

DSCHUNGELFEELING

Farbenfrohe Blumen und wunderschöne Sträuße, Topfpflanzen und Bindewerke erfreuen die Augen und inspirieren.

Seit 1999 gibt es in Hachenburg das **Grüne Haus.** Familie Bähner hat aus dem ehemaligen Gartencenter ein fein kuratiertes **Blumen- und Dekoparadies** gestaltet. Eine beeindruckende Auswahl an knallbunten und dezent duftenden Blumen, an klassischen und trendig arrangierten Sträußen, an heimischen und exotischen Pflanzen bringt Besucher zum Seufzen.
Der eine ist fasziniert von der Pracht der Hortensien, der andere schwärmt für die signalfarbene Papageienblume. Für den Nächsten ist ein locker gebundener Wald- und Wiesenstrauß das Schönste. Im Grünen Haus gibt es eine **reiche Auswahl an Bindewerken.** Spezielle Vorstellungen werden mit Leidenschaft umgesetzt.

Für mich!
Ein Stück Glück nach Hause tragen

Weil grüne und blühende Zimmerpflanzen eine beruhigende Wirkung haben und das Raumklima verbessern, sind sie ein Gewinn für jedes Heim. Die trendige Monstera, der sauerstoffspendende Farn und die pflegeleichte Einblattpflanze sind im Grünen Haus Dauerbrenner. Beet- und Balkonpflanzen werden hier als Bote für die wechselnden Jahreszeiten verstanden und in Szene gesetzt. Ein weiteres Highlight ist die **Trockenblumenbar.** Die kleinen Gebinde sind perfekt für DIY-Projekte.
Auf den 1000 Quadratmetern Ausstellungsfläche finden sich außerdem große und kleine Dekorationsartikel. Stilvolles Schwarz-Weiß-Geschirr, dekorativ gestaltete Sprüche auf Karten und Tassen, feiner Schmuck und bunte Tücher laden zum Schenken und Selbstbelohnen ein. Firmen wie räder, Eulenschnitt, bastion collection und gute Geister garantieren individuelles Design. Viele Möglichkeiten, das Glücksgefühl von hier mit nach Hause zu nehmen.
Ähnlich ist es bei den **Feinkostprodukten.** Bei Likören, Ölen und Gewürzen von Gourmet Berner und der regionalen Marke Kräuterwind fällt die Entscheidung schwer. Auch bei den Weinen bieten die Liebhaber des Traubensaftes ein originelles Genusssortiment.

Das Grüne Haus, Saynstraße 43, 57627 Hachenburg,
Tel. (0 26 62) 94 10 34, www.das-grüne-haus.de

26 *Meine Kraftquelle*

MUSIK LIEGT IN DER LUFT

Künstler aus nächster Nähe beim Musizieren und Denken beobachten, in neuen Klängen versinken, sich von der Stimme einer Sängerin entführen lassen.

Für Kunstgenuss der musikalischen Art muss man nicht immer bis in die Großstadt reisen, im Lindenhof in Weilburg-Hasselbach bieten Doris Happ und Uli Eisel in ihrem umgebauten **Bauernhof** einen ganz besonderen Ort dafür. Die beiden bauten ihren Kornspeicher zu einem gemütlichen, intimen Veranstaltungsjuwel mit Sofas und Holzbänken, Stühlen und Kamin um.

Bereits seit 2009 finden die unterschiedlichsten **Musik-, Theater- und Kabarettveranstaltungen** statt. Bekannte Künstler wie Stoppok oder die französische Neo-Soul-Band Lehmanns Brothers kommen ebenso gern vorbei wie Newcomer der Kabarett- und Jazzszene. Exotische Gruppen wie die mongolische Band Huun Huur Tu locken Fans aus Bremen und Köln. Regionale Entdeckungen wie David Fachinger verzaubern mit ihrem intensiven Songwriter-Pop ein wachsendes Publikum. Die 15 bis 20 Konzerte pro Jahr sind eine bunte Mischung aus Musik und Kabarett. Besondere Perlen, wie der Kritzelcomedy-Zeichner Micha Marx mit seinem Programm „Lauchangriff“, bringen die Zuschauer und Zuhörer zum Staunen.

Für mich!
Konzerte und Kabarett in familiärem Ambiente

Egal, welche Veranstaltung man besucht, Lindencult-Konzerte wirken familiär und machen gute Laune. Bei hausgemachtem Apfelsaft, einem Kölsch oder Spezialbier genießt man jeden Künstler entspannt. Die besondere Atmosphäre entsteht durch das Eigentümerpaar, das das Lindencult ohne kommerzielle Absichten betreibt. Viele Konzerte sind **Hutkonzerte.** Das bedeutet, jeder Zuhörer legt nach der Veranstaltung so viel Geld in einen Hut, wie ihm die Veranstaltung persönlich wert war. Alle Einnahmen kommen den auftretenden Künstlern zugute. Über die Gage hinausgehende Einnahmen werden für gemeinnützige Zwecke gespendet.

Gleich nebenan, im ebenfalls liebevoll umgebauten Kuhstall des Hofes, finden wechselnde Kunstausstellungen statt. Hier hat die Künstlerin Doris Happ ihr Atelier.

Lindencult, Lindenhof 2, 35781 Weilburg-Hasselbach, www.lindencult.de

27 *Meine Kraftquelle*

PERSPEKTIVE ERWEITERN

Wer nichts sieht, muss seine Umwelt auf andere Weise wahrnehmen. Hören, Fühlen, Riechen und Schmecken bekommen eine neue Intensität.

Zum ausgiebigen Shopping taugt das **Dunkelkaufhaus** nicht, denn es ist gar kein klassisches Geschäft. Hier kann man nichts erwerben, erweitert aber gerade deswegen nachhaltig die eigene Sicht auf viele Dinge.
Unter dem Motto „Wie Sie sehen, sehen Sie nichts!“ **begleiten Blinde ihre Gäste** etwa 1 Stunde durch ein fiktives Kaufhaus. Zunächst geht man durch eine Lichtschleuse. In völliger Dunkelheit passiert ein Rollentausch. Der Blinde hat als Einziger die Orientierung. Die Besucher sind irritiert und hangeln sich vorsichtig an der Wand entlang, bedacht darauf, der Stimme des Begleiters zu folgen.

Für mich!
Eine andere Sicht auf die Welt

Als Erstes geht es um das **Hören.** Schnell stellt sich heraus, wie schwierig Alltagsgeräusche zuzuordnen sind, wenn die Bilder fehlen. Das Fegen einer Straße hört sich für manchen an wie das Schleifen eines Tisches. Das Öffnen eines Reißverschlusses kann schon mal mit dem Summen einer Biene verwechselt werden.

Nun wird der **Geruchssinn** auf die Probe gestellt. Wenn Form und Farbe nicht erkennbar sind, scheinen selbst gängige Gewürze wie Paprika und Oregano kaum zuzuordnen. Die nächste Aufgabe erfordert „Geschicklichkeit“. Beim Versuch, den eigenen Namen in Buchstaben zu legen, kommen die Teilnehmer ins Schwitzen. Zum Abschluss geht es ins Dunkelcafé. Hier steht der **Geschmackssinn** im Vordergrund. In völliger Dunkelheit schmeckt eine Cola plötzlich gar nicht mehr so einzigartig wie vorher angenommen.
Fragen wie „Woher wissen Blinde, welchen Geldschein sie in der Hand haben?“, „Wie prüfen Sie, ob Ihre Kleidung farblich zusammenpasst?“ werden geduldig beantwortet.
Im Dunkelkaufhaus vermitteln Blinde sehenden Menschen, was man wahrnimmt, wenn es plötzlich dunkel ist. Um den Eindruck zu intensivieren, gibt es neben den Führungen zahlreiche Events. An jedem ersten Sonntag im Monat findet z. B. eine Tour inklusive Kaffee und Kuchen statt.

Dunkelkaufhaus, Karl-Kellner-Ring 48–50, 35576 Wetzlar,
Tel. (0 64 41) 2 09 15 29, www.dunkelkaufhaus.de

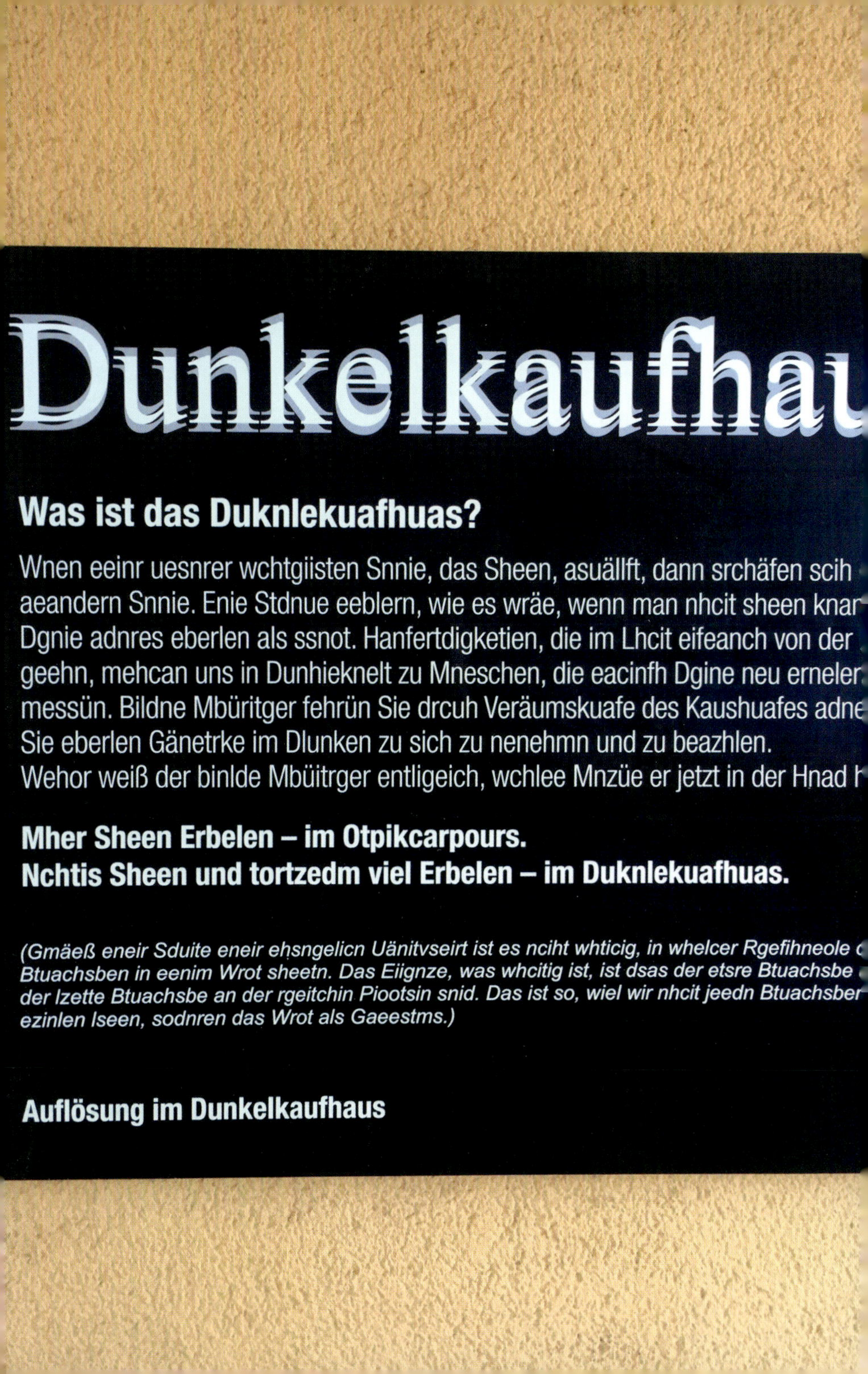
Dunkelkaufhau
Was ist das Duknlekuafhuas?
Wnen eeinr uesnrer wchtgiisten Snnie, das Sheen, asuällft, dann srchäfen scih
aeandern Snnie. Enie Stdnue eeblern, wie es wräe, wenn man nhcit sheen knar
Dgnie adnres eberlen als ssnot. Hanfertdigketien, die im Lhcit eifeanch von der
geehn, mehcan uns in Dunhieknelt zu Mneschen, die eacinfh Dgine neu erneler
messün. Bildne Mbüritger fehrün Sie drcuh Veräumskuafe des Kaushuafes adne
Sie eberlen Gänetrke im Dlunken zu sich zu nenehmn und zu beazhlen.
Wehor weiß der binlde Mbüitrger entligeich, wchlee Mnzüe er jetzt in der Hnad h
Mher Sheen Erbelen – im Otpikcarpours.
Nchtis Sheen und tortzedm viel Erbelen – im Duknlekuafhuas.
(Gmäeß eneir Sduite eneir ehsngelicn Uänitvseirt ist es nciht whticig, in whelcer Rgefihneole
Btuachsben in eenim Wrot sheetn. Das Eiignze, was whcitig ist, ist dsas der etsre Btuachsbe
der lzette Btuachsbe an der rgeitchin Piootsin snid. Das ist so, wiel wir nhcit jeedn Btuachsber
ezinlen Iseen, sodnren das Wrot als Gaeestms.)
Auflösung im Dunkelkaufhaus

KUNTERBUNTES IDYLL

Ein Gartenparadies genießen, Hundertwassers einzigartige, bunte Philosophie spüren und den Gedanken freien Lauf lassen.

Neben Dom und Altstadt hat Limburg einige weitere Highlights zu bieten. Das Areal von Manfred Lorenz, gestaltet nach der Philosophie von Friedensreich Hundertwasser Regentag Dunkelbunt, ist eines davon.
Nach der Meinung des berühmten Österreichers sollte jeder Mensch nach Individualität streben, einzigartig sein, wie die Natur. Als lebenslanger Gegner der „geraden Linie" und jeglicher Standardisierung hat der Künstler unzählige Gemälde geschaffen. Beeindruckend sind auch die fantasievollen Bauten, die er weltweit konzipierte. Charakteristisch dafür sind organische Formen, farbenfrohe Mosaike, unregelmäßige Elemente, bunte Säulen und die freie Entfaltung von Pflanzen. Manfred Lorenz war vom Gedankengut des Malers, Architekten und Philosophen so fasziniert, dass er sein Unternehmen, das Privathaus und den angrenzenden Garten in den letzten beiden Jahrzehnten in eine **Hommage an Hundertwasser** verwandelte.

Für mich!
Von Hundertwassers Ideen inspirieren lassen

Floristik Lorenz bietet in vierter Generation floristische Inszenierungen zu jedem Anlass. Wer die farbenfrohen Arrangements und bunten Säulen vor dem Haupteingang bestaunt hat, gelangt über den markant gestalteten Eingangsbereich in eine bunte Welt aus kurvigen Wänden, bunten Ornamenten und einer zauberhaften Pflanzen- und Blütenpracht. Sofort hat man ein Lächeln auf den Lippen, möchte die Wände berühren und jedes Mosaik detailliert betrachten. Im oberen Stock werden wechselnde Ausstellungen gezeigt. Glücklich macht auch der **Besuch des Gartenparadieses** direkt hinter dem Unternehmen. Zwischen Eva und Sonnengesichtern nimmt man auf einer der zahlreichen Sitzgelegenheiten Platz, bewundert den kleinen Turm und die bunten Portale, entdeckt Adams Apfel hoch oben in einer Birke und genießt den Moment.
Wer mehr zu Hundertwassers Philosophie wissen möchte, macht eine Haus- oder Gartenführung.

Floristik Lorenz, Wiesbadener Straße 12, 65549 Limburg,
Tel. (0 64 31) 4 59 47, www.floristik-lorenz.de

Bunt, rund und individuell

Die Um-mich-herum-Geborgenheit

INSPIRATIONEN AUS HUNDERTWASSERS PHILOSOPHIE

Der vielseitige Künstler Hundertwasser war seiner Zeit voraus und wehrte sich bereits in den Fünfzigerjahren gegen jegliche Standardisierung. Er setzte auf naturverbundenes Handeln und Selbstverwirklichung. Dabei verwies er stets auf die Natur, in der kein Blatt dem anderen gleicht. Weil auch kein Mensch dem anderen gleicht, sollten seiner Meinung nach nicht alle in konform gestalteten Häusern leben.

Friedensreich Hundertwasser Regentag Dunkelbunt, wie er mit vollem Künstlernamen hieß, hatte außerdem eine Abneigung gegen gerade Linien. Der 1928 Geborene und 2000 Verstorbene glaubte an fließende Übergänge, wie sie die Natur bietet. Seine bunten Säulen erinnern an Bäume und vermitteln ein Gefühl von Sicherheit. Für ihn waren Fenster und Türen „die Augen eines Hauses". Weil sie den Übergang zwischen außen und innen ermöglichen, sollten beide nicht nur asymmetrisch sein, sondern auch reich geschmückt werden. Vor jede Tür gehört als Markierung des Übergangs laut Hundertwasser eine „Blase“.

Um ein Leben im Einklang mit der Natur zu führen, engagierte er sich außerdem für die Umwelt. Dazu gehört die Vermeidung von Müll und die Nutzung von vorhandenen Ressourcen. Die Umsetzung seiner Philosophie in unzähligen Bildern und imposanten Bauwerken machte ihn weltberühmt. Wer sich mit seinen Arbeiten auseinandersetzt, Gebäude wie das Wiener Hundertwasserhaus oder die Bärnbacher Hundertwasserkirche besucht, spürt eine besondere Energie.

Um diese Wirkung im eigenen Umfeld zu testen, muss man nicht unbedingt zu aufwendigen baulichen Maßnahmen greifen. Um gerade Linien zu durchbrechen, genügt schon ein runder Tisch oder ein ovaler Spiegel. Um mehr Natur ins eigene Heim zu bringen, bieten sich Zimmerpflanzen mit Übertöpfen aus Naturmaterialien an. Um optische Akzente zu setzen, sind farbenfrohe Bilder und Teppiche sowie Kissen und Plaids ideal. Perfekt, wenn die Gegenstände selbst hergestellt wurden oder aus bereits vorhandenem Material entstehen. Dabei geht es nie um Perfektion, sondern immer um Individualität. Wer zweifelt, lässt sich auf ein Gedankenspiel ein: Welche Tasse im Geschirrschrank betrachtet man intensiv? Die eine mit dem Sprung am Rand oder die unzähligen intakten, die direkt danebenstehen?

Noch wesentlich älter als Hundertwassers Idee von einer inspirierenden Welt ist das Konzept zur ästhetischen Wahrnehmung von Schönheit aus Japan. „Wabi Sabi“ gilt dort als höchstes Gut. „Wabi“ bedeutet eigentlich „einsam“. Die Verbindung mit „Sabi“, das für „alt sein“, „Patina zeigen“ steht, ergibt einzigartige, verhüllte Schönheit, wie sie z. B. ein bemooster Fels oder eine knorrige Kiefer bietet. Vielleicht animiert uns ein beflügelndes Umfeld zu weiteren Veränderungen im Haus, in der Wohnung oder im Garten? Bunt, rund und individuell lautet die Devise!

29 *Meine Kraftquelle*

AUS DER ZEIT GEFALLEN

Im Koblenzer Stadtteil Ehrenbreitstein versetzen historische Fassaden in frühere Jahrhunderte zurück, feine Marktstände laden zu Plausch und Kauf.

Wie ein fast vergessenes, kleines Künstlerdorf wirkt der Koblenzer **Stadtteil Ehrenbreitstein.** Direkt an der Bundesstraße gelegen, hat das Zentrum zwar viele Passanten, aber nur wenige Besucher. Schade, denn neben den imposanten kurfürstlichen Bauten hält der charmante Ortskern ein paar Entdeckungen bereit. Hier gibt es Kunsthandwerker, wie die Kunstbackstube in der Humboldtstraße und das Atelier Gudrun Lüpke in der Wambachstraße.

Jeden Mittwoch findet ein besonderer **Wochenmarkt** statt. Von 16 bis 19 Uhr bieten Händler und Direktvermarkter aus der Region auf dem Kapuzinerplatz ein breites Sortiment von frischem Obst über Blumen bis zu feinem Käse, regionalem Honig und frisch gebackenem Hausbrot. Feinkost wie Antipasti erwartet die Besucher ebenso wie herzhafte und süße Langos. Neben der Möglichkeit, Frisches für den eigenen Bedarf zu kaufen, hat sich der Markt zu einem beliebten Treffpunkt entwickelt. Bei gutem Wetter werden Tische und Bänke aufgestellt. Mit einem Glas Wein und einem frischen Snack lassen Anwohner und Touristen gemeinsam den Tag ausklingen.

Für mich!
Durch Gassen wandeln und Marktflair genießen

Wer vom Kapuzinerplatz durch die kleinen Gässchen spaziert, sollte den Blick schweifen lassen. **Barocke Fassaden** und wunderschöne, uralte massive Haustüren laden zum Staunen ein. In der Steilsgasse wird eine bunte Häuserreihe von einem farbenfrohen Fahrrad geschmückt. Die Kellereibotsgasse beeindruckt nicht durch üppige Fassaden, sondern mit einem extrem schmalen Weg zwischen den Gebäuden. Wer durch die Humboldtstraße streift und einen kleinen Anstieg nicht scheut, kann gegenüber der Kreuzkirche den märchenhaften **Heribertturm** bewundern.

Der Ausflug nach Ehrenbreitstein lässt sich mit einer Besichtigung der Festungsanlage verbinden. Wer Lust hat, setzt mit dem Schängel Shuttle vom Deutschen Eck/Konrad-Adenauer-Ufer Brücke 7 nach Ehrenbreitstein über.

Ehrenbreitstein, 56076 Koblenz

30 *Meine Kraftquelle*

DER GROSSE WURF

Beim Disc-Golf mühelos aktiv werden, die Natur genießen und dabei querfeldein die Frisbeescheibe werfen, zwischen hohen Bäumen und einem Teich verweilen.

Der **Parc de Tarbes** in Altenkirchen ist eine Naherholungsanlage mit echtem Mehrwert. Hier kann man nicht nur entspannt am Teich oder unter Bäumen ein Buch lesen, vor Ort findet sich auch ein hölzernes **Knidos-Labyrinth.** Mitten auf einer Wiesenfläche eröffnen 761 sorgsam angeordnete Palisaden einen meditativen Weg in die Mitte der Installation und wieder hinaus.

Die eigentliche Sensation des Parkes ist die **Disc-Golf-Anlage.** Neun Bahnen ermöglichen jedermann und jederfrau das Testen des jungen Sportes, der eine Kombination aus klassischem Golf und Frisbeespiel ist. Ziel des Einzelsports ist es, eine **Frisbeescheibe** mit möglichst wenig Würfen in einen Korb zu bringen. Die Bahnen sind nummeriert, jede Station hat einen Abwurfpunkt und eine Angabe zur Anzahl der Würfe. Wie beim Ball-Golf wird immer von dort weitergeworfen, wo die vorherige Scheibe gelandet ist; bis man den Korb getroffen hat. Der Spieler mit den wenigsten Gesamtwürfen über alle Bahnen ist der Gewinner! Wer den Dreh raus hat, erzielt schnell Erfolge. Dazu stellt man sich seitlich zur Wurfbahn, umfasst die Scheibe so, dass nur der Daumen oben ist und führt die Scheibe vor der Brust von links nach rechts – bei ausgestrecktem Arm. Je flüssiger die Bewegung, desto weiter der Wurf.

Für mich!
Spielend in Form kommen

Die entspannte Bewegung im großzügigen, gepflegten Park, der Spielspaß vom ersten Augenblick an und das soziale Miteinander während des Spiels machen Disc-Golf zu einem Spaß für alle Altersgruppen. Das Spielen ist im Parc de Tarbes kostenlos. Wer keine eigene Frisbeescheibe hat, kann im Sportartikelfachgeschäft Wäller Sport ein Set erwerben oder ausleihen.

Parc de Tarbes, 57610 Altenkirchen

31 *Meine Kraftquelle*

ZAUBERHAFTE WELTEN

Zwischen tropischen Pflanzen und tausend bunten Schmetterlingen hüpft das Herz und die Gedanken legen eine Pause ein.

Mitten im Schlosspark von Sayn zwischen alten Baumriesen, einem idyllischen Teich und ruhigen Bächen liegt der **Garten der Schmetterlinge.** Was von außen wie zwei große Gewächshäuser wirkt, ist von innen ein tropisches Paradies. Zwischen Bananen, Palmen und Hibiskus flaniert man fasziniert und sachte durch die zauberhafte Anlage. In dem besonderen Klima gibt es auf jedem Quadratmeter unendlich viel zu entdecken. Hier wird man umflattert von unzähligen Schmetterlingen. Verzaubert von der Leichtigkeit und Farbenpracht der flatterhaften Wesen steht die Zeit für einen Moment still. Überall, auf Blättern und Blüten, an Futterstellen und in der Luft schwirren farbenprächtige Falter aus Südamerika, Afrika und Asien auf der Suche nach Nektar herum. Imposant ist der etwa 30 Zentimeter große **Atlas-Spinner** aus China, der fast bewegungslos im Tagschlaf verharrt. Quirliger sind die meisten anderen Arten. Und der **blaue Morpho** aus Brasilien leuchtet schon von Weitem. Jedes Jahr zum Ende der Saison ist er verantwortlich für das „Blaue Wunder von Sayn". Denn in dieser Zeit bevölkert eine Fülle von blauen Morphos den ganzen Garten. Im „Raupenhaus" lassen sich die winzigen Eier von Schmetterlingen, gefräßige Raupen und geschickt verborgene Puppen bestaunen.

Für mich!
Den Schmetterlingen zusehen und Kraft tanken

Außerdem kreuzen Zwergwachteln mit hummelgroßen Küken, paarungswillige Schildkröten, bunte tropische Finken und ein Leguan die liebevoll angelegten Wege. Elegante Brücken lenken den Blick auf feine Details. Kleine Sitzecken laden zum Verweilen an **plätschernden Wasserfällen** ein. 1987 gründeten Fürst Alexander und Fürstin Gabriela zu Sayn-Wittgenstein-Sayn diesen einzigartigen Garten. Wer sich für die Geschichte des Fürstenhauses interessiert, findet direkt gegenüber ein modernes Museum. Die tropische Zauberwelt ist von etwa Mitte März bis Mitte November geöffnet.

Garten der Schmetterlinge, Schloßstraße 100,
56170 Bendorf, Tel. (0 26 22) 1 54 78, www.sayn.de

BELLEVUE

Bergauf Schritt für Schritt der Welt entrücken, vorbei an den winzig kleinen Heinzelmannshöhlen bis zum Aussichtspunkt mit Relaxbank.

Die Rundtour **Baedeckers Felsenweg** startet und endet am Hauptbahnhof von Bad Ems. Mit einem weiß-blauen Quellensymbol ist der 3,3 Kilometer lange Weg ausgewiesen. Zunächst geht es über eine der herrlichen weißen Lahnbrücken vom Bahnhof aus zum Fluss. Weiter Richtung Grandhotel, ein paar Meter bergauf, bis rechts der Concordiaturm in einer Seitengasse zu sehen ist. Betonstufe für Betonstufe überwindet man schnell einige Höhenmeter und hat nun nur noch wunderschöne Waldwege vor sich. Entlang der berühmten Bäderlei lassen sich die prachtvollen **Gebäude des Kaiserbades** bestaunen. Nach ein paar kleinen Weggabelungen und Kurven steht man vor einem hellen Felsen mit handgroßen, unendlich tief wirkenden Hohlräumen. Die sogenannten **Heinzelmannshöhlen** sind ein geomorphologisches Naturphänomen. Verzückt schielt man hinein. Die Namensgebung scheint sofort einleuchtend. Weiter geht es bis zum nächsten Felsvorsprung hoch über der Stadt. Zwischen alten Bäumen und schroffen Felsen schaut man direkt auf den Fluss mit seiner eleganten Kurpromenade und den blumengeschmückten Brücken, den gemächlich treibenden Schiffchen und dem silbrig glänzenden Fluss. Mit einem kleinen Picknick wird die Pause auf einer der Panoramabänke zum kulinarischen Highlight des Tages. Weiter geht es zur **Mooshütte,** auch an diesem beliebten Treffpunkt für Verliebte ist der Ausblick einzigartig.

Für mich!
Wegwandern vom Alltag

Der wildromantische Felsenpfad wurde bereits zu Zeiten der Romantik, im 19. Jahrhundert, vom Reiseführerpionier Karl Baedecker gepriesen. Der berühmte Schriftsteller Dostojewski bezeichnete sie als die malerischsten Felsen der Welt. Der Weg lässt sich in 1,5 Stunden bewältigen. Nutzt man den Ausflug für einen Plausch mit Freunden oder Familie, können daraus schnell 2 oder 3 kurzweilig verbrachte Stunden werden.

Wanderung auf Baedeckers Felsenweg, 56130 Bad Ems

DEN BLICK SCHÄRFEN

Die Welt aus einem anderen Blickwinkel betrachten. Mitten in einer historischen Fachwerkstadt eine hochmoderne, inspirierende Welt entdecken.

„Fotografieren bedeutet, den Kopf, das Auge und das Herz auf dieselbe Sichtlinie zu bringen", sagte der Fotograf und Regisseur Henri Cartier-Bresson. Diesen Gedanken greift der neue, interaktive Komplex des **Ernst Leitz Museums** auf. Hier erfährt man, wie ein stimmiges Bild entsteht und welche Auswirkungen unterschiedliche Belichtungszeiten haben. Verschiedene Lichtquellen helfen, selbst ein perfektes Erinnerungsbild zu fotografieren. Die Wirkung von Licht und Schatten, Wind und Geschwindigkeit lässt sich an weiteren Aktivfeldern ausprobieren und im Bild festhalten. Beim Fotografieren trainiert man bewusstes Sehen und kann vertraute Dinge neu wahrnehmen. In der Leica Welt gibt es wechselnde Ausstellungen von politisch aktiven sowie weltbekannten, kommerziell arbeitenden Fotografen.

Für mich!
In die Welt der Fotografie eintauchen

Zur Geschichte des Unternehmens und zur Entwicklung der Kamera erfährt man im Gebäudekomplex gegenüber einiges. Hier finden sich auch die kuriosesten Fundstücke, wie eine **Leica Kamera,** die aus einem Flugzeug stürzte und – auf dem Boden angekommen – immer noch funktionierte. Die berühmtesten Bilder, die je mit einer Leica Kamera aufgenommen wurden, sind zu bestaunen. Auch die **gläserne Manufaktur,** in der Linsen, Kameras und Objektive in Handarbeit gefertigt werden, ist mehr als einen Blick wert.

1849 gründete Carl Kellner in Wetzlar ein Optisches Institut. Ernst Leitz übernahm 1869 die Geschäftsführung und baute das Unternehmen aus. Aus dem Handwerksbetrieb wurde der weltweit größte Mikroskophersteller. Leitz' Sohn sorgte mit der Kleinbildkamera Leica für die bis heute erfolgreiche, erweiterte Ausrichtung des Unternehmens.

Wer selbst fotografieren will, kann eine Ausrüstung kaufen oder an einem **Workshop in der Leica Akademie** teilnehmen. Kombiniert mit dem Vienna House inklusive stylischer Bar und Wellnessbereich lässt sich der Tagestrip zum inspirierenden Aktivwochenende erweitern.

Leitz Welt, Am Leitz-Park 6, 35578 Wetzlar,
Tel. (0 64 41) 2 08 00, www.leitz-park.com

Bewusstes Sehen

Bleib neugierig!

DIE WELT MIT DEM FOTOAPPARAT ENTDECKEN

„Das Auge macht das Bild, nicht die Kamera“, sagte die Fotografin Gisèle Freund. Um vertraute Personen und weitläufige Landschaften, nüchterne Häuserzeilen und idyllische Seen neu zu entdecken, gibt es ein paar Tricks, die nicht nur den Moment vor dem Klick, sondern unsere Wahrnehmung neu prägen. Wer bewusst sieht, lebt intensiver.

Wenn klar ist, dass ein Familientreffen oder eine Reise ansteht, kann man sich vornehmen, Menschen, Orte und das gesellige Beisammensein zu fotografieren. Oft erzählen die einfachen Dinge die schönsten Geschichten. Eine Situation, die diesen Anspruch erfüllt, bietet das Werfen eines Brautstraußes. Die Reaktionen der Gäste und der Braut reichen von Lachen und Erschrecken über Wegducken bis zum Hochspringen. Die Interpretationsmöglichkeiten einer solchen Aufnahme beflügeln die Fantasie.

Eine ähnlich gelungene Szene entsteht, wenn man den Moment einfängt, in dem die Großmutter gedankenverloren den Duft einer Rose genießt oder das Kind unerwartet beim Scrabble gewinnt und vor Stolz fast platzt. Neben dem Auge für das große Ganze, kann man einen Blick für die kleinen Momente entwickeln. Zum Training sind Parks und belebte Cafés ideal.

Neben einem hinreißenden Motiv spielt das Licht beim Fotografieren eine entscheidende Rolle. Unterschiedliche Lichtsituationen bieten differenzierte Ausdrucksmöglichkeiten. Zu Sonnenaufgang wirken Motive anders als im harten Mittagslicht, das Schatten wirft. Supermarktlicht bringt eine völlig andere Stimmung ins Spiel als Kerzenschein. Wer Licht und Schatten am Frühstückstisch, in der Umkleidekabine, beim Waldspaziergang und beim Einkaufen bewusst wahrnimmt, schult sein Auge. Für die Bildstimmung ist außerdem die Farbgebung wichtig. Kalte Farben wirken trist, warme Töne lebendig. Kontraste machen Bilder spannend. Steht eine Person im gelben Mantel vor einer grünen Wiese, leuchtet sie. Fotografiert man die Szenerie im Abendlicht, wirkt sie anders als in der Mittagssonne.

Ein interessanter Profitipp ist auch die Interpretation der Umwelt in Formen. Hier wird ein Glas zur Ellipse, ein Laptop zum Rechteck und ein Apfelbaum ist eine Linie mit einem Kreis oben dran. Je aktiver man Formen wahrnimmt, desto einfacher gelingt eine bewusste Bildgestaltung. Zur Übung kneift man die Augen zusammen und nimmt Dinge automatisch schemenhaft wahr. Details werden ausgeblendet, die Form wird offensichtlicher.

Jedes Bild bleibt ein Ausschnitt der Realität. Wo das Motiv anfängt und wo es endet, entscheidet der Fotograf. Die Wirkung unterschiedlicher Ausschnitte lässt sich trainieren, indem man hinter dem eigenen Fenster verschiedene Positionen einnimmt und die Außenwelt betrachtet.
Die Entwicklung der eigenen Wahrnehmung lohnt sich – in der Fotografie und im Leben.

34 *Meine Kraftquelle*

KREATIVE BLÜTEN

Die Farbenpracht der Natur genießen, aus Blumen kreative Ideen entwickeln, eigene Kunstwerke erblühen lassen und beim Handwerken die Zeit vergessen.

Für Sabine Hirnich bietet das Arbeiten mit Blumen die Möglichkeit, dem Alltagstrott zu entfliehen. Der Duft der unterschiedlichsten Gewächse und die intensiven Farben von Blüten und Blättern erden sie. Die gelernte Floristin gibt ihr Können und die Erfahrung in Workshops weiter. Dazu hat sie die **florale Werkstatt Filixart** gegründet.

In ihren Kursen vermittelt sie die **Kunst des Blumenbindens.** Aus frischen und getrockneten Blumen entstehen Haar- und Fensterkränze, Sträuße und Gebinde. Vor Ort steht eine enorme Materialauswahl bereit. Auf der riesigen Arbeitsfläche finden sich Handwerkszeug und Arbeitsmaterial, vom Draht über die Heißklebepistole bis zu Seidenbändern und kleinen Dekoartikeln. In der lichten Werkstatt macht das Arbeiten besonders viel Spaß.

Für mich!
Haptisches Erlebnis in blumigem Ambiente

Zunächst werden die Wünsche besprochen, eine Auswahl getroffen und arrangiert. Sabine Hirnich erklärt die passende **Wickel- oder Stecktechnik.** Während beim Straußbinden die Spiraltechnik wichtig ist, bieten sich beim Kranzarrangement verschiedene Fertigungsmöglichkeiten an. Wer sich dazu für eine Anordnung aus kleinen Sträußchen entscheidet, sortiert diese auf der Arbeitsfläche vor und legt sie lose um den Rohling. Gefällt der Entwurf, werden die Elemente befestigt. Bis das eigene Werkstück dem individuellen Geschmack entspricht, kann etwas Zeit vergehen. Die Kursleiterin begleitet mit Rat und Tat. Alle Teilnehmer bestaunen den Entstehungsprozess ihrer Kunstwerke, lächeln zufrieden und freuen sich am Kursende darauf, die blumige Handarbeit in den eigenen vier Wänden auszustellen.

Filixart bietet eine Reihe von Workshopmöglichkeiten wie die Kurse „Blumen stecken“, „Flower Hoop“ und „Kranz binden“. Für Kleingruppen und Einzelpersonen können individuelle Termine vereinbart werden.

Filixart – Florale Werkstatt, Bergstraße 23 c, 56077 Koblenz,
Tel. (02 61) 5 00 79 95, www.filixart.de

MÄRCHENHAFTE MOMENTE

Schritt für Schritt dem Alltag entschwinden und oberhalb von Braunfels in vergangene Zeiten eintauchen, über Prunk staunen und den Ausblick genießen.

Die **Altstadt von Braunfels** ist malerisch. Vom kopfsteinbepflasterten Marktplatz führt ein Gässchen zum Schloss. Spätestens wenn man durch das Tor geht und die Stufen der Reitertreppe erklimmt, werden vergangene Jahrhunderte lebendig.
Auf dem Marktplatz und am Kleppertor erfährt man per QR-Code Interessantes zur ehemaligen Burgmannensiedlung, zu Prinzessin Ebba und der bösen Herberge. Das märchenhafte Schloss ist seit mehr als 800 Jahren im Familienbesitz. Als „hessisches Neuschwanstein“ wurde es für zahlreiche Kino- und Fernsehfilme zur traumhaften Kulisse.

Für mich!
Als Burgfräulein auf Zeitreise gehen

In **Themenführungen** wird die Vergangenheit greifbar. Die Touren starten im imposanten Innenhof und führen direkt zum Rittersaal. Zwischen Schlag-, Stich- und Feuerwaffen sowie Rüstungen für Krieger und Pferde lässt das Mittelalter erschaudern. Unglaublich, dass dieser Saal mit seiner eher martialischen Ausstattung ein Geburtstagsgeschenk von Fürst Ferdinand an seine Gattin Ottilie war. Auch die vornehmsten Räume des Schlosses, die Gesellschaftsräume, mit unzähligen Gemälden, Gobelins, Skulpturen und Mobiliar des 15. bis 19. Jahrhunderts sind zu sehen. Auf den Familienporträts finden sich Adelige, die weit über ihre Lebenszeit hinaus Einfluss genommen haben. Wie die 1602 in Braunfels geborene Amalie von Solms. Sie hat mit ihrer Heiratspolitik den europaweiten Einfluss der Familie über Generationen gesichert.
In der **Deikergalerie** ist das Werk „Hirschrudel im Schnee“ einen intensiven Blick wert. Das mittlere Tier besitzt den Mona-Lisa-Effekt: Egal, von wo man es betrachtet, man fühlt sich beobachtet.
Wer gerne wüsste, warum Prinzessin Luise immer ein Halstuch trug und was es mit dem legendenumwobenen Ring der Heiligen Elisabeth von Thüringen auf sich hat, wird auch dies bei einer unterhaltsamen Führung erfahren. Abschließend lohnt ein Abstecher zur Konditorei Vogel.

Schloss Braunfels, In den Anlagen 4,
35619 Braunfels, www.schloss-braunfels.de

36 *Meine Kraftquelle*

GRENZEN ÜBERWINDEN

Gegensätze erleben, neue Wege erkennen, Faszination entwickeln. Im b-05 spürt man Kunst, Kultur und Natur auf nachhaltig beeindruckende Weise.

„Neue Wege entstehen, indem wir sie gehen“, sagte Friedrich Nietzsche. Das international vernetzte **Kultur- und Naturerlebniszentrum b-05** bestätigt dieses Zitat eindrucksvoll. Mitten im Wald von Montabaur entstand ein spannender Ort der Gegensätze.
Auf dem 12 Hektar großen Gelände stehen zwischen Bäumen und Wiesen verschieden große Bunker, die durch Wege und Zufahrtsstraßen miteinander verbunden sind. Das ehemalige Nato-Munitionslager ist heute ein **Naturareal** von grotesker Schönheit und irritierendem Flair. Seit 2008 finden internationale Ausstellungen statt. Hochkarätige Künstler, wie z. B. Ai Weiwei, Matthew Barney, Jannis Kounellis, Martin Kippenberger oder Bridget Riley, haben bereits vor Ort ausgestellt.

Für mich!
Das Bewusstsein kunstvoll erweitern

Mit zahlreichen Aktivitäten sollen Ideen für eine selbstverantwortliche, bewusste, nachhaltige und schöpferische Gestaltung der eigenen Lebensumwelt vermittelt werden. Man möchte Anregungen bieten, wie die Zukunft intelligent, kompetent und kreativ gestaltbar ist. In Ausstellungen, Workshops, Konzerten, Lesungen und Führungen soll das **Bewusstsein für den Wert von Kunst und Natur** intensiv gefördert werden. Von April bis Oktober lässt sich das Areal im Rahmen von **Veranstaltungen und Führungen** erleben, aber auch selbstständig erkunden. Auf einem bewaldeten Rundweg erwarten die Gäste geschnitzte Riesenskulpturen und interaktive Schautafeln. Etwas weiter grasen Ziegenherden. Und dazwischen ragen die Bunkereingänge aus der Erde, massiv und hell erleuchtet bieten sie wechselnde Ausstellungen zu den unterschiedlichsten Themen. Wer nach den intensiven Eindrücken aus der Natur und Kunst im Innen- und Außengelände zur Ruhe kommen und erst einmal nachdenken möchte, kehrt im Café b-05 auf ein Stück Kuchen oder eine Quiche ein. Mit der Betreiberin, Freunden und den anderen Gästen kommt man auch schnell ins Gespräch, wenn man möchte.

b-05 Kunst-Kultur-Natur, Im Stadtwald 2,
56410 Montabaur, www.b-05.org

37 *Meine Kraftquelle*

DER WELT ENTRÜCKT

Ein großes Stück Idylle tanken, alte Eichen bestaunen und Mammutbäume umarmen, Ginkgobäume berühren, Zeit am Weiher verbringen und die Kunst genießen.

Zum zitronengelben Schloss des kleinen Örtchens Molsberg gehören die Lindenallee, das Lusthäuschen und ein weiteres besonderes Juwel. Ein charmanter **Landschaftspark** im englischen Stil mit wunderschönen, geschwungenen Wegen und uraltem, beeindruckendem Baumbestand.
Obwohl die Idee zum Schlosspark bereits 1804 entstand und mit Weiher und zahlreichen Pflanzungen vorangetrieben wurde, geriet die Anlage irgendwann in Vergessenheit. Zum Glück engagiert sich die Familie von Walderdorff seit 1999 für die Renaturierung des 7 Hektar großen Idylls. Heute kann man auf pittoresken, rot-weißen Sitzbänken Platz nehmen und den Ausblick bis in den Taunus genießen, in Ruhe ein Buch lesen oder die Wolken beobachten. Beim Spaziergang durch die Anlage beeindrucken dicke Mammutbäume, riesige Zypressen und die uralte Eiche. Zwischen Hortensien und Akazien, Ginkgo und japanischer Kirsche steht der **seltene Tulpenbaum.** Er gehört zur Familie der Magnoliengewächse und zeigt seine prachtvollen Blüten von April bis Mai. Folgt man weiter dem kleinen Pfad, führt der Weg vorbei an einer imposanten Installation, zum unteren Teil des Parkes. Ein kleiner **Weiher** erwartet die Besucher mit einer wunderhübschen weißen Holzbrücke. Wer den Teich umrundet, kommt an Taglilien, Funkien, Sumpfdotterblumen, Mädesüß und Storchenschnabel vorbei. Vielleicht denkt man einen Moment an den Grafen und die Gräfin, die vor 200 Jahren auf diesen Wegen flanierten? In umwerfender Garderobe und mit einzigartiger Etikette.
Wer noch mehr Lust auf intensive Momente und Inspiration hat, findet gegenüber vom unteren Ausgang die **Emmanuel Walderdorff Galerie.** Im Hofgut Molsberg sind wechselnde Ausstellungen renommierter bildender Künstler zu finden, wie die Arbeiten des Keramikkünstlers Franz Josef Altenburg. Wer einen Blick auf dessen Werke werfen möchte, klingelt beim Hausherrn.

Für mich!
Spaziergang zwischen Zypressen und Hortensien

Landschaftspark Molsberg & Emmanuel Walderdorff Galerie,
Hauptstraße 41, 56414 Molsberg

38 *Meine Kraftquelle*

KÜNSTLERISCHE DENKANSTÖSSE

Zwischen alten Bäumen und saftigen Wiesen bringen überdimensionale Blumen, ein Wal, ein magischer Steinkreis und Denksteine Besucher zum Entspannen.

Am Eingang des offenen Geländes begrüßt ein 5 Meter hoher Blumenstrauß aus Eisen und Ton die Gäste. Im 25.000 Quadratmeter großen Park finden sich zwischen uralten Bäumen und saftigen Wiesen beeindruckende **Skulpturen** aus Holz, Metall und Stein. Alle Arbeiten haben hohen Symbolcharakter.
So möchte der erfolgreiche Musiker, Maler und Bildhauer Siegfried Fietz seine Mitmenschen zum Staunen und Nachdenken inspirieren. Wer die Sinne schärfen und die eigene Sichtweise erweitern möchte, findet hier Kompositionen, die durch den Ort und die Anordnung, die Bearbeitung oder den Titel magisch erscheinen.
Links neben dem Eingang zieht ein **riesiger Wal** die Blicke auf sich. Trotz seiner Größe löst das honigbraune Tier, das aus einer 1000 Jahre alten Eiche entstand, einen Streichelreflex aus. Die Geschichte von Jona und dem Wal stand Pate für dieses Monument.
„Apostel“ heißt eine Installation aus den Balken eines alten Hauses. Sie wurden zu einer elfköpfigen Personengruppe verarbeitet. Eine Figur steht auf dem Kopf. Oben thront ein Spiegel. Wer hineinsieht, wird für einen Moment zum zwölften Mitglied der Gruppe.
Die **Denksteine** beeindrucken durch ihre Größe und kraftvolle Ausstrahlung. Wer möchte, kann das Werk zum Anlass nehmen, um persönliche Ereignisse zu reflektieren.
Zum Schmunzeln lädt die Holzfigur „Wildsau aus der Flasche“ ein. Sie liegt auf einer Wiese, träumt von Sommerwölkchen und fantastischen Geschichten. Wer will, macht es ihr nach und lässt sich nieder. Oder denkt darüber nach, warum der Kopf des Ebers eine Flasche ist.
Bei der felsigen Vogeltränke kann man Tiere beobachten und beim sonnengewärmten Basaltstuhl den Ausblick bis zum Feldberg im Taunus genießen. Beim Steinkreis kommt Schottlandfeeling auf.

Für mich!
Skulpturen bestaunen, Inspirationen entdecken

Skulpturenpark Siegfried Fietz, Lenzwies,
35773 Greifenstein, www.skulpturenpark.info

39 *Meine Kraftquelle*

IN SZENE GESETZT

In einem Fotoshooting zur Hauptperson werden und neue Seiten an sich selbst entdecken. Besondere Momente als Erinnerung festhalten.

„Wer bin ich?“ und „Wie sehen mich andere?“ sind Fragen, die sich wohl jeder in regelmäßigen Abständen stellt. Einen interessanten Blick auf das eigene Wesen erhält, wer sich auf ein **individuelles Fotoshooting** einlässt. Die Wirkung jeder Fotografie wird von dem persönlichen Gefühl im Augenblick der Aufnahme und der Kunst der Fotografin geprägt.

Katharina Müller setzt Menschen vorteilhaft in Szene und macht Wesenszüge seit 2014 in ihrem Studio in Limburg-Eschhofen sichtbar. Egal, ob man einen besonderen Anlass für die Ewigkeit festhalten möchte, oder ob man spontan den Wunsch nach einem Portrait spürt, die Inhaberin fotografiert alle Kunden mit viel Empathie und feinem Gespür für den Moment.

Für mich!
In neuem Licht erstrahlen

Unabhängig davon, ob man allein, zu zweit oder als Großfamilie eine individuelle **Erinnerung** schaffen möchte, werden in einem telefonischen Vorgespräch die persönlichen Wünsche besprochen und Kleidungstipps gegeben. Humor empfindet die gelernte Fotografin als wichtigstes Kleidungsstück für jedes Shooting. Beim Termin vor Ort verblüfft das helle, großzügige Ambiente des 200 Quadratmeter großen Studios. Am runden Tisch werden Details besprochen. Beim Rundgang im weitläufigen Atelier finden sich zehn unterschiedliche **Farb- und Themenwelten.** Zwischen Boho- und rustikalem Style, Tageslichtambiente und zeitlosem Hintergrund, zwischen Schaukelstuhl und Chaiselongue findet jeder seinen persönlichen Wohlfühlort.

Wer sich ready zur Aufnahme fühlt, wird von Katharina Müller ebenso entspannt wie professionell in Szene gesetzt. Einige Tage nach dem Shooting stehen 50 bis 60 Dateien zur Auswahl. Die Favoriten werden optimiert und in einem wunderschönen Fotopaket zugesandt oder vor Ort abgeholt. Wer „Ja“ sagt zu sympathischen, authentischen Bildern, ist in diesem Studio richtig.

Fotografie Katharina Müller, Bahnhofstraße 41 a, 65552 Limburg-Eschhofen, Tel. (0 64 31) 9 09 06 12, www.fotografie-km.de

VON HAND GEFORMT

Zwischen feinster Keramik und riesigen Stelen die Zeit vergessen, Töpfermeistern beim Gestalten feiner Tassen und großer Schalen zusehen.

Alles begann mit den berühmten salzglasierten Kannen und Krügen des Kannenbäckerlandes. Heute gilt Höhr-Grenzhausen als modernes **Zentrum des keramischen Kunsthandwerks** und der Ausbildung. Seit 1979 findet hier jedes Jahr am ersten Wochenende im Juni der europäische **Keramikmarkt** statt. Mit ihrem modernen **Keramikmuseum Westerwald** und den zahlreichen Keramikwerkstätten ist die Stadt der perfekte Ort für die 150 Aussteller aus ganz Europa. In der Marktzone präsentieren die Künstler 2 Tage lang ihre vielfältigen professionellen Arbeiten. Auf einer Strecke von mehr als einem halben Kilometer erlebt man live, dass aus Ton weit mehr als die traditionellen, salzglasierten blaugrauen Krüge entstehen können. Neben den regional ansässigen Töpfereien öffnen Aussteller aus anderen europäischen Ländern den Blick für fantasievolle Gebrauchs- und Zierkeramik, Keramikschmuck und Objektkeramikarbeiten.

Für mich!
Vielfältige Handwerkskunst entdecken

Eindrucksvoll ist der **Besuch der regionalen Werkstätten,** viele Betriebe öffnen ihre Türen an beiden Markttagen. Überall, wo man entlangschlendert, möchte man die besonderen Handarbeiten berühren, die glatten Oberflächen massiver Gartenkeramik und Schalen streicheln, die feinen Teeschalen und Tonpfeifen anheben. Zwischen so vielen schönen Dingen fällt die Wahl eines Souvenirs schwer. Vielleicht ein Schmuckstück aus Keramik? Oder ein traditionelles Gefäß zur Herstellung des original Westerwälder Eierkäs?

Wer noch mehr von den kunstvollen Werken sehen möchte, spaziert über den **Stelenweg** Grenzhausen, der direkt am Keramikmuseum beginnt. Ganzjährig können auf dem 2 Kilometer langen Rundweg 28 abwechslungsreiche Keramikarbeiten bestaunt werden. Die Kunstwerke sind extrem verschieden. Mal hoch, mal niedrig, vom klassischen Bembel bis zum kleinen Monster laden sie zum Schmunzeln und Staunen ein. Zwei weitere Stelentouren gibt es im Stadtteil Höhr und in Hillscheid.

Keramikmarkt, Laigueglia-Platz, 56203 Höhr-Grenzhausen, www.kannenbaeckerland.de

miquel oliver
TOMMY

Zwei rechts, zwei links

Ruhe, die das Herz umarmt

KONTEMPLATIVE HANDARBEIT

Die meditative Wirkung regelmäßiger Handarbeit ist mittlerweile wissenschaftlich belegt. Ebenso, dass man in einen Entspannungszustand gelangt (Studie des Harvard Medical Institute). Stricken, Sticken, Knüpfen und Co. bauen Stress in ähnlichem Umfang ab wie Yoga und Meditation. Weil ähnliche Bewegungsabläufe fortlaufend wiederholt werden, kommt unser Geist zur Ruhe und kann abschalten. Wer zur (Handarbeits-)Nadel greift, muss sich auf die Tätigkeit voll konzentrieren, sonst werden Topflappen, Socken und Co. schnell unansehnlich oder geraten aus der Form. Da bleibt keine Kapazität übrig, um negative Dinge zu bedenken. So entsteht Abstand, große Ärgernisse werden zu kleinen Unebenheiten. Im Flow wird weniger Cortisol ausgeschüttet, Blutdruck und Puls werden niedriger.

Das Abzählen von Maschen, Anpassen und Umrechnen von Vorgaben ist außerdem ein echtes Gehirn-Workout. Handarbeiten trainiert so beide Gehirnhälften, Koordination und Kreativität werden zusätzlich gefördert. So lässt sich altersbedingtem Gedächtnisverlust entgegenwirken und Erkrankungen wie Demenz vorbeugen. In den USA kommt Stricken bereits als präventive Behandlungsmethode zum Einsatz. Ärzte verschreiben vor der Behandlung mit Medikamenten die Handarbeit als Alternative.

Nadelarbeit wirkt wie ein Schmerzmittel. Während des Entstehungsprozesses ist man in einem kleinen Rausch und spürt Schmerzen weniger intensiv, denn ähnlich wie bei Sportlern schüttet der Körper Glückshormone aus. Unabhängig davon bringen Häkeln, Stricken und Sticken Spaß und wirken gegen Langeweile. Daher scheint Handarbeit auch zur Unterstützung von Diäten sinnvoll. Denn wir essen häufig aus Langeweile. Sind wir aber im Do-it-yourself-Projekt-Flow, bemerken wir keinen Heißhunger wegen Eintönigkeit.

Die größten Vorteile:

- Stricken, Sticken und Häkeln kann man überall.
- Stricken vor dem Einschlafen fördert das „Abschalten" und unterstützt den Schlaf.
- Wer langsam an einem Projekt arbeitet, kommt in einen neuen, entspannten Rhythmus.
- Das totale Aufgehen in dem, was man tut, dämpft Stresshormone, lenkt von negativen Gedanken ab, mildert Unruhe, Depressionen und Angst.
- Stricken trainiert Finger, Hände und Unterarme.

Weil nicht nur die Zeit während der Entstehung, sondern auch das fertige Ergebnis beglücken, ist die Beschäftigung mit Nadel und Faden längst zum generationsübergreifenden Trend geworden.

Neben den klassischen Methoden sind ausgefallenere Varianten wie punch needle und Makramee wunderbare Alternativen.

Wer keine Lust hat, sich mit Anleitungen und anderen Details herumzuschlagen, findet online Komplettpakete, um den ersten eigenen Schal, eine Mütze oder ein Kissen anzufertigen. Außerdem bieten viele Strickläden ganzjährig Workshops. Wer etwas Zeit investiert, wird mit Glückshormonen während des Workflows sowie großer Freude und vielen Komplimenten beim Tragen der eigenen Kreationen belohnt.

FILM AB IM WESTERWALD

Ausgewählte Programmkinofilme und Blockbuster in hochmoderner Ausstattung erleben, danach den Film bei kleinen Köstlichkeiten Revue passieren lassen.

Kinofilme sind kunstvolle Kulturgüter. Sie ermöglichen den Zugang zu anderen Welten, fremden Sprachen und Gewohnheiten, bieten Einblicke in verschiedene Kulturen und stellen historische Zusammenhänge her. Während des Films lachen, weinen, staunen oder erschrecken wir uns, kommen wir nach dem **Kinoerlebnis** ins Gespräch, halten wir inne und denken über das Gesehene nach.

Direkt neben dem Bahnhof in Hachenburg findet sich ein lichter, moderner Gebäudekomplex. Seit 2002 bietet hier das **cinexx** in fünf unterschiedlich großen Sälen eine breite Auswahl an Kinofilmen. In bequemen Kinosesseln werden **Blockbuster** in 2D und 3D mit gestochen scharfem Bild und fantastischem Sound zu einem echten Event.

Für mich!
Filmreife Momente intensiv erleben

Zum fein kuratierten Angebot der Hachenburger Kinobetreiber gehören auch **Programmkinofilme** und besondere Reihen wie „Filmreif“, der Montagmorgenfilm für Senioren. Die „Sonntagsmatinee“ kombiniert die Filmschau mit feinen Heißgetränken. „Cinema Gourmet“ ist ein Kinoevent, bei dem das Thema des gezeigten Films mit der Speisenfolge im Restaurant abgestimmt wird. Mit Vorpremieren und Konzepten wie Cinexx Lady, Cinexx Men und Cinexx Family werden spezielle Zielgruppen angesprochen.

Weil das Kino mit vielen sozialen und kulturellen Verbänden kooperiert, finden hier auch außergewöhnliche Veranstaltungen statt. Die Reihe „Zukunft“ bietet spannende **Dokumentationen** zum Thema Klimawandel. Die Reihe „Diaszene Westerwald“ zeigt bildgewaltige Impressionen aus den schönsten Ländern der Erde. In Aktionswochen sind **englische und französische Filme** mit Untertitel zu sehen.

Vor und nach jedem Kinobesuch lockt das Café-Restaurant matrix zum Verweilen. Hier gibt es frisch zubereitete, internationale Gerichte. Die Cocktailbar drinxx mixt trendige Longdrinks und feine Cocktails.

Cinexx, Nisterstraße 4, 57627 Hachenburg,
Tel. (0 26 62) 94 50 44, www.cinexx.de

cinexx

DAS SIND AUSSICHTEN

Ein sagenhafter Felsen, eine wunderschöne Kapelle, eine eiskalte Abkühlung und ganz viel Natur beeindrucken bei dieser Wanderung.

Der **Blasiusberg** ist der Namensgeber des wunderschönen 21 Kilometer langen **Blasiussteigs.** Der Heilige St. Blasius gilt als Schutzpatron der Ärzte und zahlreicher Handwerksberufe. Für Gläubige ist die **Blasiuskapelle** auf der Spitze des Berges eine Wallfahrtsstätte.
Für Wanderer gehört die kleine Steinkirche ebenfalls zu den Highlights der Tour. Man kann den Großteil der Höhepunkte auch auf einer gekürzten, nur 13 Kilometer langen Tour entdecken. Vom Parkplatz am Waldrand folgt man zunächst den Hinweisschildern zur Dornburg, von dort geht links ein Waldpfad zum Ewigen Eis. Erfrischt folgt man dem orangefarbenen Blasiussteig-Symbol „B“ nach links, steil hinauf zum **Hildegardisfelsen.** Auf der Aussichtsplattform ist die Weitsicht bis ins Limburger Becken und den Taunus spektakulär. Der Blick nach unten wirkt nach, wenn man die Hildegardsage kennt: Nachdem Hildegard ihren Geliebten aus einem Verlies unter der Dornburg befreite, legte dieser die Stadt in Brand. Hildegard stürzte sich aus Scham darüber vom sogenannten Hildegardisfelsen in die Tiefe.

Für mich!
Eine Mini-Pilgerwanderung

Der Wanderweg führt am **Hildegardisbrunnen** vorbei, unterhalb des Blasiusbergs bis hoch zur Kapelle. Neben der Aussicht auf dem Plateau ist die Atmosphäre des kleinen Innenraums ein Genuss. Weiter geht es bergauf und bergab, über einen hölzernen Steg bis zur Glockenwiese. Den Namen verdankt die Grünfläche Dieben, die 1849 die Glocken der Blasiuskapelle stahlen. Auf der Flucht mussten sie diese hier zurücklassen. Der Steig führt zum Gipfelkreuz am Watzenhahn. Am folgenden Rastplatz kann man verweilen oder weiter zur Kieselquelle wandern. Von dort geht es nach ein paar 100 Metern links unterhalb des Steinbruchs und des Blasiusbergs zurück zum Parkplatz. Wer will, kann vorher einen Abstecher zum Scheunencafé Herdering in Dorndorf machen.

Wanderung auf dem Blasiussteig, Start: Wilsenröther Straße, 65599 Dornburg-Frickhofen, www.blasiussteig.de

BERAUSCHENDE NATUR

Auf diesem Rundweg hört man den tosenden Bach, sieht den Himmel erglühen, balanciert über eine Hängebrücke und lässt den Klangzaun tönen.

In der Nähe von Altenkirchen liegt das beschauliche Örtchen **Werkhausen.** Direkt am Dorftreff, am Ortsende, ist ein besonderer **Themenweg** entstanden. Der 2,2 Kilometer lange Rundweg ist fantasievoll angelegt, sehr gepflegt und bereichert alle Sinne. Eingebettet in eine hügelige Wiesenlandschaft mit angrenzendem Wald finden sich hier 22 Stationen, die Wanderer zum Ausprobieren und Entdecken, zum Spielen und Spaßhaben einladen.

Die erste Station, direkt neben dem Parkplatz, ist ein Hörrohr. Wer sich hinabbeugt, hört das **Rauschen des kleinen Bachs** intensiv. Weiter führt der Weg zu einem **Balancierbalken,** an dem sich das eigene Gleichgewicht testen lässt. Neben dem Wichtelwald lädt eine **Hängematte** zum „Seele baumeln lassen" ein. Direkt daneben lockt die Station „Farbenspiel" mit roten, blauen und grauen **Farbflächen** zum erweiterten Blick in die Natur. Durch die rote Farbfläche wirkt der blauweiße Himmel plötzlich wie ein Flammenmeer, durch die blaue wie ein Gemälde.

Für mich!
Mit allen Sinnen spielerisch wandern

An der siebten Station erwartet eine **Bank** die Wanderer. Das atemberaubende **Panorama** lädt zu einer Pause ein. Hier kann man den Blick schweifen lassen. An der folgenden Station telefoniert man mit zwei Hörrohren, sofort erinnert man sich an Kindheitstage und die Gespräche mit zwei Dosen an einer Schnur. Zerrspiegel, Fühlstationen, Wackelbrücke und Balancescheiben bieten weitere Aha-Momente. Der integrierte Kräutergarten und die kleine Obstwiese laden in der Erntezeit zum Probieren ein. Am kleinen Bach kann man sich mithilfe des bereitgestellten Eimers erfrischen und am **Barfußpfad** lassen sich die Effekte unterschiedlichster Untergründe testen.

Wer Lust auf eine Runde auf der Außenkegelbahn oder zum Schachspiel hat, kann nach telefonischer Absprache die passenden Utensilien vor Ort ausleihen. Der Weg der Sinne liegt in der Nähe des Westerwald-Steigs.

Weg der Sinne, Dorftreff, 57635 Werkhausen,
www.vg-altenkirchen-flammersfeld.de

Der Bleechplatz

44 *Meine Kraftquelle*

NEUE INTERPRETATIONEN

Wer sich auf die Werke renommierter Künstler und interessanter Newcomer einlässt, erweitert den eigenen Blick und lässt die Gedanken kreisen.

Kunst kann die Wahrnehmung verändern. Seit 2017 bietet die Familie Legner/Helbig im **Rosenhang Museum** hochkarätigen Kunstgenuss. Über vier Stockwerke entstand in der ehemaligen Brauerei Helbig durch Eigeninitiative eine loftartige Bühne für faszinierende Gemälde, vielsagende Skulpturen und beeindruckende Installationen.
Auf 4000 Quadratmetern Innen- und Außenfläche finden sich Werke von international bekannten Künstlern wie Elvira Bach, Cornelia Schleime, Romero Britto und Jörg Immendorf. Vor dem goldenen Gebäude beeindruckt **„Sieben Wirbel“**, ein riesiges Werk von Mikos Meininger. Vorlage für die je 2,2 Tonnen schweren Betongebilde war ein Walwirbel.

Für mich!
Die Zeit vergessen und Kunst wirken lassen

Auch die Innenräume eröffnen neue Perspektiven und wecken vielfältige Emotionen. Das knallbunte Werk **„Meine sieben Sachen“** von Elvira Bach oder das komplett bemalte Sportauto des Künstlers Ma Jun lassen staunen. Großformatige und gleichzeitig zarte Arbeiten von Cornelia Schleime verzaubern mit ihrer speziellen, feinen Aura.
Die tanzenden Bronzen von Helge Leiberg umkreist man, um die Gestik der Figuren aus allen Winkeln zu studieren. Im Banksy ARTLab werden Arbeiten des wohl bekanntesten unbekannten Künstlers der Welt dokumentiert. Die Repliken der Terrakottaarmee machen ehrfürchtig. Schließlich wurde der Fund der 8000 Krieger im Jahr 1974 als achtes Weltwunder bezeichnet.
Um zur Ruhe zu kommen, bietet sich die **Installation der Künstlerin SEO** aus riesigen, verspiegelten Glocken und meditativ wirkenden Klängen an. In besonderer Atmosphäre kann man der einzigartigen Energie des imposanten Werks nachspüren.
Dass Kunst auch lustig sein kann, beweisen die Arbeiten von Otto Waalkes. Seine Interpretation von Marilyn Monroes berühmtem Foto im weißen Kleid heißt „Ostfriesischer Fön“.

Rosenhang Museum, Ahäuser Weg 8–10, 35781 Weilburg/Lahn,
www.rosenhangmuseum.de

NAMASTÉ IM INDUSTRIEGEBIET

Wer die Umgebung vergisst und dem eigenen Atem entspannt lauscht, der ist ganz bei sich selbst angekommen.

Am Rand des Industriegebietes Merenberg erwartet das **Studio Yoga Zeit** seine Gäste. Betritt man das Gebäude, führt eine Wendeltreppe in die Kellerräume. Öffnet man die Tür zum Yogastudio, gelangt man in eine andere Welt. Der großzügige Raum lädt mit Holzboden und warmen Farben sowie einem Blick ins Grüne zum Verweilen ein.

Mit Namasté beginnt der Kurs. Die Grußformel steht für Dankbarkeit und Achtsamkeit. Beides wird in ruhiger Weise im Studio vermittelt. Die Inhaberin Sandra Großmann und ihr Team bieten mit einer vielseitigen Yogapraxis perfekte Bedingungen, um Kraft zu tanken, die Seele baumeln zu lassen und sich selbst mit tiefer Ruhe und Entspannung zu beschenken. Neben der bekanntesten Variante, Hatha Yoga, wird Aerial Yoga und Yin Yoga unterrichtet.

Für mich!
Den eigenen Körper neu entdecken

Im **Hatha Yoga** bringen Übungen wie der Sonnengruß den eigenen Körper und Geist ins Gleichgewicht. Atem und Bewegung sind dabei im Gleichklang, Yogapositionen werden fließend miteinander verbunden.

Beim **Aerial Yoga** schwingt man in einem bunten, riesigen Tuch einen halben Meter über dem Boden. Die Asanas gelingen mit ein bisschen Mut nach wenigen Sekunden. Beim sanften Schaukeln genießt man die intensive Zeit im Tuch und lässt die Seele zum Abschluss in Savasana, der Entspannungssequenz im wahrsten Sinn des Wortes, baumeln.

Yin Yoga ist eine sanfte, passive Yogaalternative, bei der das tiefe Bindegewebe, die Faszien, bearbeitet werden. Gestützt von allerlei – vor Ort vorhandenem – Equipment, vom Yogakissen, über Gurt und Bolster bis zur Faszienrolle und Massagebällen können Anspannungen gelöst, das Nervensystem beruhigt und erholsamer Schlaf gefördert werden.

Das Studio bietet kostenlose Probestunden, einzelne Einheiten können online gebucht werden. Neben dem umfangreichen Wochenplan finden Workshops in loser Folge statt.

Yoga Zeit, Benzstraße 1, 35799 Merenberg,
Tel. (01 52) 53 02 60 95, www.yogazeit-merenberg.de

Meditative Zauberei

Fühl doch mal!

MIT YOGAÜBUNGEN ENTSPANNEN

Viele Wege zur Selbsterkenntnis können als Yoga bezeichnet werden, denn der Begriff aus dem Sanskrit steht für: Verbindung, Methode und Harmonie. In Europa wird die Bezeichnung meist auf die Schulung zu Körperübungen reduziert, das Hatha Yoga.

Dieser Bereich des Yogas und die vielen Asanas entstanden im 15. Jahrhundert. Vorher wurde die positive Wirkung der Übungen genutzt, um das Verharren im Lotussitz während der Meditation zu erleichtern. Nachdem man erkannte, dass die Asanas nicht nur die Mobilität der Menschen erhöhte, sondern auch deren Wohlbefinden steigerte, wurde Hatha Yoga weiterentwickelt. Heute angewandte Yogaübungen wie der Sonnengruß, die Wechselatmung und Entspannungssequenzen verfolgen einen ganzheitlichen Ansatz, der Körper, Geist und Seele in Einklang bringen soll. Wirbelsäule und Körperhaltung werden durch regelmäßige Ausübung gestärkt,

Stress und Blockaden gelöst. Yogapraktizierende werden Yogī genannt. Die weibliche Form heißt Yoginī. Dieses Wort lässt sich auch mit „Zauberin" übersetzen.

Eine Spezialisierung des Hatha Yoga heißt Iyengar Yoga. Diese Yogaart ist äußerst körperbetont, es werden zahlreiche Hilfsmittel eingesetzt, um Anfängern die Übungen zu erleichtern. Kraft, Flexibilität, Gleichgewichtssinn und Muskelausdauer werden hier mit exakt auszuführenden Asanas intensiv trainiert.

Die gleichen Grundübungen nutzt auch Power Yoga. Power steht bei dieser Methode für die Kraft der Übungen, die ohne esoterische Elemente wie Mantras und Meditation auskommen. Im Gegenteil, um die Teilnehmer zu pushen, passen sich die Lehrer häufig ihren Schülern mit moderner Sprache und eher rüden Aussprüchen an. Aus „Komm im Hier und Jetzt an" wird „Lass deinen Scheiß zu Hause".

Bikram Yoga wurde bereits von Prominenten wie Robbie Williams, Madonna und Lady Gaga praktiziert. Hier werden die Asanas bei Raumtemperaturen von 40 Grad umgesetzt. Die Teilnehmer kommen stark ins Schwitzen. Die angeblichen gesundheitlichen Effekte sind umstritten. Beim Jivamukti Yoga übt man die verschiedenen Figuren, während klassische oder elektronische Musik läuft. Aerial Yoga bringt Yogi und Yogini zum Schweben.

Yin Yoga ist als sanfteste Yogavariante eine wundervolle Methode, um die Faszien zu dehnen und tief zu entspannen. Mischformen wie Yogilates kombinieren die effektivsten Yoga- und Pilates-Übungen. Wer mehr wissen will, findet on- und offline zahlreiche Anbieter.

Eine völlig andere Methode, das Bewusstsein zu erweitern, bietet Lachyoga. Kurse leiten dazu an, ein zunächst künstlich erzeugtes Lachen in ein echtes zu verwandeln. Dazu werden Klatsch-, Dehn- und Atemübungen mit pantomimischen Ansätzen kombiniert. Nach dem Motto „Fake it, till you make it", werden Menschen zu kindlicher Ungezwungenheit animiert.
Das eigene Lachen lässt sich auch zu Hause trainieren. Einfach Mundwinkel nach oben ziehen, einige Sekunden halten und feststellen, wie die Stimmung steigt!

WIE IM MÄRCHEN

Abenteuerliche Wege zwischen dicken Eichen und hohen Linden, romantische Holzbrücken und schmale Pfade lassen das Wanderherz höherschlagen.

Um zur Holzbachschlucht zu kommen, bietet sich die Anfahrt über das **Hofgut Dapprich** an. Das geschichtsträchtige Areal wurde bereits 1212 urkundlich erwähnt. Die Besitzer wechselten, bis 1857 die Familie Schneider übernahm. In fünfter Generation betreibt die Familie das Gehöft. Das älteste Gebäude ist ein 500 Jahre altes Fachwerkhaus im Herz des Hofes. Ebenfalls Teil der Anlage ist das Hofcafé. Gegenüber ist eine alte Steinbrücke, dahinter verläuft ein Wiesenweg. Nach wenigen 100 Metern steht man vor dem uralten Privatfriedhof der Familie. Über ausgetretene Stufen geht es hinab in die Schlucht. Der Rundweg des verwunschenen, märchenhaften Ortes beginnt an einer kleinen **Holzbrücke.** Das Wasser um die Brücke herum ist so flach und der Fluss so breit, dass man am liebsten von Stein zu Stein hüpfen möchte.

Für mich!
Staunen, genießen, marschieren, einkehren

Auf diesem 1,5 Kilometer langen Abenteuerpfad taucht man Schritt für Schritt immer tiefer in eine besondere Welt ein. Hier gibt es neben steilen Abhängen riesige Bäume, deren frei liegende Wurzeln dem Wanderer bis an die Knie reichen. An vielen Stellen kann man auf den **Holzbach** in der Tiefe und auf die 30 Meter hohen **Felswände aus Basalt** sehen. Schautafeln erzählen von den Tieren und Pflanzen. Wer die Augen offenhält, kann vielleicht das Silberblatt, die Wasseramsel oder einen Eisvogel entdecken. An der zweiten Brücke haben sich Wanderer mit Steintürmchen verewigt, die gute Geister ehren und böse vertreiben sollen. Zumindest glauben das die Menschen in Grönland, Irland und den nordischen Ländern. In der Holzbachschlucht gelten die Steintürme als nette Geste, die Vorbeiziehenden ein Lächeln auf die Lippen zaubern. Weiter führt der Weg treppauf und bergab, bis man nach etwa einer Dreiviertelstunde wieder am Ausgangspunkt neben der Brücke steht.
Bevor man nach Hause fährt, lässt sich ein Stück hausgemachten Kuchens oder ein deftiges Brotzeitbrett im Hofcafé Dapprich genießen.

Holzbachschlucht und Hofgut Dapprich, 56479 Seck/Westerwald, Tel. (0 26 63) 91 87 20, www.hofgut-dapprich.de

FIGUREN IM WALD

Ein Erlebnisspaziergang verzückt Körper und Geist mit grünen Wiesen und Fernblick, Till Eulenspiegel, Waldgeist und Eichhörnchenbaum.

Im Montabaurer Stadtteil Wirzenborn beginnt der **Skulpturenweg Reckenthal.** Schon am Startpunkt direkt neben dem Parkplatz findet sich die erste Skulptur „Du, ich, wir" sowie eine Streckentafel. Zunächst geht es ein Stück bergauf, vorbei an einem üppig dekorierten Fachwerkhaus mit unzähligen Schiefertafeln, die mit Sinnsprüchen zum Schmunzeln und Nachdenken einladen. Weiter führt der asphaltierte Panoramaweg in Richtung Reckenthal. Zwischen Wiesen und Wäldern lassen sich am Wegesrand die unterschiedlichsten **Holzskulpturen** entdecken. Die beeindruckenden Kunstarbeiten mit Namen wie „Das Leben" und „Grenzenlos?" laden mit ihren erläuternden Worten und inspirierenden Gedanken zum intensiven Betrachten ein. Die Skulptur „Horizontale Rhythmik" ist eine Mitmachskulptur. Wer will, kann Platz nehmen und ein wenig meditieren oder einfach den Ausblick sitzend genießen. Erinnerungen an die eigene Kindheit weckt „Till Eulenspiegel", der um 1500 die Menschen mit seinen listigen Streichen beeindruckte.

Für mich!
Inspiriert von Skulptur zu Skulptur wandern

An der darauffolgenden Skulptur muss der Wanderer entscheiden, ob er den **kleinen Rundweg** von etwa 7 Kilometern oder die große 10-Kilometer-Tour erkunden möchte. Insgesamt befinden sich 44 Skulpturen von unterschiedlichen Künstlern auf der Strecke. Wer die kleine Runde dreht, nutzt eine Abkürzung und gelangt direkt nach Reckenthal, wo eine charmante Kapelle eine Extraportion Entspannung bietet. Wer sich für die **große Runde** entscheidet, wandert in einer Schleife über Bladernheim nach Reckenthal. Für alle verläuft die Tour von hier einheitlich über Waldwege oberhalb des Gelbachs und zauberhafte Holzbrücken. Vorbei an tierischen, bunten und verspiegelten Kunstwerken bis zum letzten Stopp, der Figur Nummer 42 „Realitätsverlust".
Die Wanderung beflügelt den Geist und weitet den Blick. Unterwegs finden sich Flyer mit Beschreibungen der einzelnen Figuren.

Skulpturenweg Reckenthal, Wanderparkplatz an der L 313, Im Gelbachtal, 56410 Montabaur-Wirzenborn

48 *Meine Kraftquelle*

HÜTTENPAUSE MIT WEITBLICK

Das Wiedtal und den Westerwald im Blick, regionale Spezialitäten auf dem Teller. So lässt sich zu jeder Jahreszeit eine Auszeit vom Alltag genießen.

Die **Malberghütte** befindet sich in luftiger Höhe von 366 Metern. Der namensgebende Malberg selbst war früher ein bekanntes Skigebiet mit einer der größten Kunstschneepisten Europas. Die Skianlage wurde irgendwann stillgelegt, die ehemalige Hütte der Bergstation abgerissen. Geblieben ist die spektakuläre Aussicht. 2007 wurde die Malberghütte neu errichtet. Jürgen Hühner, gelernter Metzgermeister und ambitionierter Slow-Food-Koch, übernahm die Gastronomie. Heute bietet das zünftig-moderne Ambiente bis zu 150 Personen Gelegenheit zu regionalem Genuss mit einem sensationellen **Ausblick über das Wiedtal** und den Westerwald. In und vor der Hütte garantieren kleine und große Gerichte sowie das regionale Eis von Westwood entspannten Genuss.

Für mich!
Hoch oben kulinarisch verwöhnen lassen

Im Sommer lässt sich ein Ausflug zur Hütte perfekt mit einer Wanderung auf dem **Westerwaldsteig** verbinden. Der Wanderweg liegt direkt vor der Tür. Wer keine Lust auf eine große Tour hat, parkt auf dem großen Parkplatz unterhalb der Hütte. Vom kurzen Fußweg zur Hütte sollte man unbedingt links ein paar Meter den Hügel hinaufsteigen, um einen Blick hinunter auf den wunderschönen **Malbergsee** zu werfen. Ein kleiner Pfad bietet die Möglichkeit, den blaugrünen See zu umrunden. Auf der Spitze des Gewässers erwartet eine Bank die Besucher.
Im Winter lädt der rundum verglaste Gastraum der Malberghütte dazu ein, die Gedanken und den Blick schweifen zu lassen. Bei einem Wildgericht oder hausgemachtem Döppekooche scheint die Welt am Kaminfeuer stillzustehen. Der erhabene Blick aus dem Fenster ist ein kleiner Urlaub fürs Gemüt. Mit etwas Glück kann man dabei Rodler beobachten oder selbst auf den Schlitten steigen.
Neben der ambitionierten Speisekarte mit saisonalen Gerichten aus regionalen Produkten locken ganzjährig zahlreiche Events zum Bergsommer und alpinen Winter auf die Hütte.

Malberg Hütte, Dorfstraße 10, 53547 Hausen/Hähnen,
Tel. (0 26 38) 94 67 31, www.malberg-huette.de

AUF SPURENSUCHE

Im interaktiven Museum Vergangenes erkunden. Durch einen Blick zurück die eigenen Handlungen besser verstehen und neues Selbstverständnis entdecken.

Unter dem Motto „Willkommen in Deiner Vergangenheit!" begrüßt das MONREPOS Archäologische Forschungszentrum und Museum für menschliche Verhaltensevolution in Neuwied die Besucher. Im Schloss Monrepos ist seit mehr als 30 Jahren dieses besondere **Forschungsmuseum** zu finden. In lebhaften Führungen mit interaktiven Modulen vom Zeittunnel bis zur steinzeitlichen Feuerstelle werden Kinder und Erwachsene in die Vergangenheit entführt. Hier kann jeder seine Wurzeln auf vielfältige Weise erkunden, versteckte Exponate entdecken oder selbst zum Hobbyarchäologen werden.

Für mich!
Rituale neu entdecken

Außerdem erfährt man vor Ort, dass **Rituale** seit jeher genutzt werden, um unser Leben und unsere Umwelt zu strukturieren. Wenn wir wissen, was passiert, fühlen wir uns sicher, das war schon in der **Steinzeit** so und ist heute nicht anders. Erste rituelle Zusammenkünfte und Feiern dienten (schon damals) hauptsächlich dazu, den Genpool aufzufrischen und ein gesellschaftliches Miteinander zu pflegen. Details zu rituellen Handlungen, besonderer Kleidung und Schmuck, Statusobjekten und deren Auswirkungen lassen Rückschlüsse auf unser heutiges Handeln zu. Nach einem Besuch weiß man z. B., warum wir uns die Hand zur Begrüßung geben, warum es an Weihnachten jedes Jahr das gleiche Essen gibt und wieso wir das gut finden.
In der **Ausstellung „MenschlICHes VERSTEHEN"** werden Forschungsergebnisse nachvollziehbar. Weil man vieles anfassen darf und animiert wird, Gesehenes zu interpretieren, bleibt der Besuch lange in Erinnerung. Im Nachgang überschlagen sich die Gedanken und so manche Erkenntnis sorgt für Diskussionsstoff im heimischen Umfeld.
Neben dem Besuch des Museums bietet das MonCamp Workshops an, um die Natur und sich selbst neu zu entdecken. Je nach Jahreszeit geht es dann auf die Pirsch, zum Spurenlesen oder aber auf die Suche nach Essbarem im angrenzenden Wald.

Forschungsmuseum MONREPOS, Schloss Monrepos,
56567 Neuwied, Tel. (0 26 31) 9 77 20, https://monrepos.rgzm.de

Fressen
und
gefressen
werden!

IT'S TEA O'CLOCK

Mitten im Westerwald Robin-Hood-Feeling erleben? Staunen wie Alice im Wunderland? Oder lieber mit der Queen eine Tea time genießen?

Im weißen langen Kleid, mit Diadem und im Schoß gefalteten Händen sitzt die Queen sanft lächelnd vor der Tür. Sie erwartet alle Gäste standesgemäß gekleidet an einem kleinen runden Tisch mit Spitzendeckchen. Wer nicht direkt Platz nehmen möchte, geht an den zwei voll uniformierten Bobbys der königlichen Garde vorbei, durch den Eingang des **The Robin Hood Inn.**

Alle, die hier zum englischen Frühstück oder zum Afternoon Tea vorbeischauen, sind von der kleinen britischen Welt verzückt. Der Engländer Gary Blackburn will die reichhaltige Kultur seines Heimatlandes in origineller Form vermitteln. Man spürt in jedem Raum und bei allen Speisen, wie viel Herzblut in seine liebenswerte **Vision von einem „kleinen Vereinigten Königreich in Deutschland"** geflossen ist.

Für mich! Königliches englisches Frühstück

Stil- und fantasievoll bis ins Detail sind die Gasträume und der Außenbereich gestaltet. In der „Winston Churchill Whiskey Lounge" versinkt man in tiefen, dunkelbraunen Chesterfield-Sesseln. An der „Peaky-Blinders-Bar" genießt man ein **traditionelles englisches Frühstück** mit Toast, Bacon, Eggs, Sausages, Baked Beans, Mushrooms and Tomatoes, während Mister Bean auf der Eckbank sitzt. Und im künstlerisch gestalteten „Robin Hood Gastraum" fühlt man sich zwischen Auen und Feen wie im Märchenwald. Im „Queen Elisabeth Beergarden" erwarten zwei Hasen im pinken Sakko die Gäste auf Augenhöhe. Der Außenbereich ist in einer Mischung aus „Alice im Wunderland" und „good old english tradition" gestaltet. Im Sommer lässt sich hier ein **Afternoon Tea** mit Scones, Marmelade und Clotted Cream bei einer Tasse Tee stilvoll genießen. Wer möchte, nickt der Queen zu, während die eigene Tasse mit abgespreiztem kleinen Finger zum Mund wandert. Alle anderen genießen das märchenhafte Ambiente und machen ein Erinnerungsfoto an der rosafarbenen englischen Telefonzelle.

The Robin Hood Inn Eventlocation, Bahnhofstraße 12, 53560 Vettelschoß/Kalenborn, Tel. (0 26 45) 9 75 62

Andere Länder, andere Sitten

TEE ZELEBRIEREN

Wer bei Tee an England denkt, tut den Ostfriesen unrecht! Schließlich sind sie weltweit die teefreudigste Nation. Jeder Ostfriese trinkt im Durchschnitt 300 Liter Tee pro Jahr, das Elffache des deutschen Durchschnittsteetrinkers. Für echte Ostfriesen ist die „Teetied" ein fester Bestandteil der Tagesgestaltung. Dann gibt es echten Ostfriesentee aus kräftigen Assam-Sorten. Zuerst wird ein „Kluntje" (Kandiszucker) in die Tasse gelegt, dann mit Tee übergossen und mit einem Löffel Sahne („Wulkje") garniert. Ohne umzurühren, wird aus einer Porzellantasse getrunken. In Ostfriesland wird jedem Gast eine Tasse angeboten. Die Tradition ist von der UNESCO als immaterielles Kulturgut anerkannt.

Nicht nur in Norddeutschland steht Tee für Gastfreundschaft und Entspannung. Auf der ganzen Welt gibt es die unterschiedlichsten Teezeremonien.

„Gongfu Cha" heißt die bekannteste chinesische Teezeremonie. Bei der Zubereitung von Oolong- und Pu-Erh-Tee werden Teeschalen und Kanne zunächst mit heißem Wasser gereinigt und vorgewärmt. Dann werden die Teeblätter in die Kanne gegeben und übergossen. Beim ersten „Aufguss des guten Geruchs" öffnen sich die Blätter, die Bitterkeit wird verringert. Er wird weggeschüttet. Beim zweiten, aromatischen „Aufguss des guten Geschmacks" zieht der Tee 10 bis 30 Sekunden, er wird sofort serviert. Für die „Aufgüsse der langen Freundschaft" wird das Übergießen mehrfach wiederholt.

Bei der japanischen Teezeremonie bereitet ein Meister nach exakten Regeln Matcha-Tee zu und bietet eine Teeschale an. Der erste Gast verbeugt sich, dreht die Schale zweimal im Uhrzeigersinn und schlürft dreimal, bevor er sie abgewischt weiterreicht. Matcha hat einen süßlichen bis herben Geschmack. Hochwertiger Matcha entspricht unserem fünften Geschmackssinn („Umami").

Marokkaner trinken am liebsten Minztee. Dazu wird in einem Kännchen grüner Tee aufgekocht. Der Sud wird weggeschüttet. Ein Minzbündel und viel Wasser werden zu den verbliebenen Teeblättern gegeben und aufgekocht. Dazu kommt Zucker. Ist dieser aufgelöst, werden Teegläser kunstvoll befüllt und bis zu fünfmal zurück in die Kanne gegossen. Es entsteht aromatischer Minztee mit Zuckerschaum.

Im Orient gilt eine Tasse Tee als Symbol für Gastfreundschaft. Wer sie ablehnt, beleidigt den Gastgeber. Tee wird dort traditionell in zwei übereinander gestapelten Kannen im Çaydanlık zubereitet. In die obere Kanne werden Teeblätter gegeben, in der unteren kocht das Wasser. Die Blätter entfalten ihr Aroma und werden mit Wasser übergossen, verdünnt und gesüßt.

Vielleicht ergibt sich eine Gelegenheit, eine der Zeremonien auszuprobieren? Zu Hause bieten sich unkompliziertere Varianten wie indischer Chai an. Der Schwarztee ist mit Zimt, Kardamom, Kurkuma und Nelken gewürzt, wird mit Honig oder Zucker gesüßt und mit Milch verfeinert. Fertige Mischungen gibt es im Teeladen. Perfekt für eine private Entspannungsreise!

51 *Mein Tag Urlaub*

MAGISCHE GESCHICHTE

Eine riesige Festungsanlage mit weitläufigen Grünflächen und spektakulärem Ausblick auf Rhein und Mosel sowie das Deutsche Eck beflügeln die Fantasie.

Um das Jahr 1000 ließ der Adelige Ehrenbert die Burg Ehrenbertstein erbauen. Im Laufe der Zeit wurde daraus **Ehrenbreitstein.** Im 11. Jahrhundert ging die Burg in den Besitz des Trierer Erzbischofs Poppo über, was zum Glück keine Namensänderung zur Folge hatte. Im Laufe der Jahrhunderte wurde die Anlage um die Burg Helfenstein erweitert und zu einer Festung ausgebaut. 1815 ordnete König Friedrich Wilhelm III. den Ausbau zur Festungsstadt an. Mehr als ein Jahrzehnt später wurde die zweitgrößte Festungsanlage Europas fertiggestellt. Wer das Kulturzentrum Ehrenbreitstein heutzutage besucht, ist von der schieren Größe des Geländes und der massiven Präsenz der Gebäude beeindruckt.

Für mich!
Von der Festung in Bann ziehen lassen

Direkt am Haupteingang startet eine Erlebnisroute. Per Audioguide wird die Vergangenheit an über 40 Stationen lebendig. In Anlehnung an die wechselvolle Geschichte gibt es im Festungspark bis heute ein sogenanntes freies Schussfeld. Außerdem folgt die Wegführung den **unterirdischen Minengängen.** Wandert man bis zur Spitze der Anlage, blickt man 118 Meter über dem Rhein auf Koblenz, das Deutsche Eck sowie Vater Rhein und Mutter Mosel. In einigen Gebäuden der Anlage finden sich erläuternde und inspirierende Ausstellungen des Landesmuseums Koblenz. Schwerpunkte sind Fotografie, Archäologie, Weinbau und die Festungsgeschichte.

Wer möchte, kombiniert den Ausflug in diese beeindruckend großflächige, weitläufige Welt mit einer **Seilbahnfahrt.** Die Talstation am Deutschen Eck/Konrad-Adenauer-Ufer und die Bergstation auf dem Festungsplateau verbinden die Altstadt Koblenz mit dem Festungsgelände. Auf der 3-minütigen Fahrt werden 112 Höhenmeter überwunden. Der Rundumblick ist einzigartig. Wer Kabine 17 erwischt, genießt außerdem den besonderen Thrill eines Glasbodens.

Zum Relaxen auf den weitläufigen Wiesenflächen gibt es an Sommerwochenenden einen Verleihdienst für Aktivspiele und Liegen.

Festung Ehrenbreitstein, Greiffenklaustraße, 56077 Koblenz,
Tel. (02 61) 66 75 40 00, www.tor-zum-welterbe.de

52 *Mein Tag Urlaub*

ZEUGEN DER VERGANGENHEIT

Wer das Gelände betritt, hat sofort ein verzücktes Lächeln im Gesicht. Eine Atmosphäre, wie man sie aus alten Filmen kennt, weckt Erinnerungen.

Im Kasbachtal, 4 Kilometer von Linz am Rhein entfernt, scheint die Zeit stehengeblieben zu sein. Auf dem 18 Hektar großen Areal der ehemaligen Brauerei Steffens lädt Roman Runkel seit 2006 zu einer Reise in die Vergangenheit ein. Aus seiner Sammelleidenschaft für Gegenstände des 19. Jahrhunderts ist die **alte Brauerei Kasbachtal** entstanden. Eine bezaubernde Welt, kombiniert mit Biergarten und Hotel. Wer über das Gelände streift, spürt die gute alte Zeit an jeder Ecke.

Beim Anblick eines nostalgischen Karussellpferds, eines Schokoladenautomaten und zahlreicher Miniaturkaufläden werden eigene Kindheitserinnerungen wach. Entdeckt man im charmanten **Colonialwarenladen** aus der Zeit gefallene Alltagsdinge, wie die Waschmittel Henko und Imi, sind die Erzählungen der Großeltern präsent. Folgt man dem Duft von frischem Brot zum Hofbackes, scheint das Abendbrot der Kindheit nur einen Bissen entfernt. Streicht man beim Umherstreifen über das Gelände versonnen über die blitzblanken, alten Traktoren, sind Erinnerungen an alte Schwarzweißfotos im Kopf.

Für mich!
In Kindheitserinnerungen schwelgen

Außerdem findet sich hier Deutschlands größte **Sammlung an Original-Emaille-Schildern** an den Hauswänden des Gebäudeensembles. Der Hausherr kennt zu jedem Schild und jeder Dose eine Geschichte.

Wer sich darauf intensiv einlassen möchte, findet auf dem Areal ein kleines, mediterran gestaltetes **Hotel** zum Übernachten. Das Gebäude mit Toskanaflair aus dem 17. Jahrhundert weckt Urlaubsgefühle. Auf ein Steffens-Bier und eine zünftige Schlachtplatte laden der Biergarten und die Brauschänke ein. Das Ambiente könnte mit seinen unzähligen Nudelhölzern und Spazierstöcken, Holzfässern und Jagdtrophäen in Bayern nicht uriger sein.

Im Winter findet ein nostalgischer Weihnachtsmarkt statt. Ein Besuch lässt sich mit einer Fahrt in der Kasbachtalbahn verbinden.

Alte Brauerei, St. Severinsberg 1, 53547 Kasbach-Ohlenberg,
Tel. (0 26 44) 98 07 80, www.alte-brauerei-kasbachtal.de

Colonialwaren
Brauhausgasse

PADDELND IM FLOW

Der Blick aufs Wasser entspannt, sein Plätschern beruhigt. Eine Kanufahrt auf der idyllischen Lahn kombiniert diese Effekte mit sportlicher Betätigung.

Wer sich gerne am und im Wasser aufhält, sollte eine **Kanutour auf der Lahn** ausprobieren.

Lahntours bietet zwischen Roth bei Marburg und Lahnstein auf einer Strecke von 160 Kilometern zahlreiche Kurz- und Tagestouren. Die großen Touren sind zwischen 15 und 28 Kilometer lang und führen durch Wehre, Schleusen und Schiffstunnel. Die Kurztouren sind in 2 bis 4 Stunden zu bewältigen und verlaufen über eine Strecke von 8 bis 12 Kilometern. Hilfreich bei der Auswahl ist eine ehrliche Selbsteinschätzung: Wie viel Kanuerfahrung habe ich? Will ich mich auspowern oder die Natur entspannt vom Wasser aus genießen?

Für mich!
Einfach treiben lassen

Die 10 Kilometer lange Strecke „Die kurze Auszeit“ führt **von Runkel nach Limburg** und ist als einzige schleusenfrei. Für Anfänger ist sie gut geeignet. Bevor es losgeht, wählt man zwischen Canadier und Kajak sein Boot. Die erste Variante wird mit einem Stechpaddel gesteuert, ist recht kippsicher und bietet Platz für Gepäck. Das Kajak wird mit einem Doppelpaddel gefahren. Es ist wendiger, aber auch etwas kippanfälliger.

Wenn man einsteigt und sich vom Ufer abstößt, wird man schnell eins mit seinem Boot. Auf der ruhigen Lahn paddelt man los und kann schon mal versehentlich auf Grund laufen. Mit Erstaunen stellt man fest, wie niedrig und ungefährlich das kleine Abenteuer ist. Nun entfaltet die charmante, schleusenfreie Strecke ihren ganzen Reiz. Von Runkel aus gleitet man mit der Strömung an Blaukehlchen und Eisvögeln, Schilf und Seerosen vorbei. Etwas später taucht das **Dehrner Schloss** hoch über der Lahn auf. Weiter geht die Fahrt bis nach **Dietkirchen.** Schon von Weitem ist die imposante Basilika aus dem Jahr 841 auf einem Felshügel zu bestaunen. Wenig später erreicht man entspannt das Ziel, die Anlegestation in Limburg. Nur 200 Meter entfernt lädt der Cargo Beach Club auf ein Getränk, und noch mal 200 Meter weiter lockt die Eismanufaktur.

Kanutour, Lahntours, Lahntalstraße 45, 35096 Roth (Lahn), Tel. (0 64 26) 9 28 00, www.lahntours.de

KO - 2463 V
Roth

54 Mein Tag Urlaub

GLÜCKSPILZFEELING

Zwischen Wäldern und Wiesen, Bäumen und Sträuchern, dahinfließenden Bächen und zirpenden Vögeln den Blick schweifen lassen.

Wer gern im Wald unterwegs ist, Spazierengehen als erholsamen Zeitvertreib empfindet und Interesse daran hat, seine Wahrnehmung zu schulen, sollte **Waldbaden** ausprobieren. Während einer angeleiteten Wanderung werden die Sinne nachhaltig sensibilisiert.

Bei MoosHerz Waldbaden starten alle Touren am Limbacher Wald. Zunächst lädt Andrea Schüler ihre Teilnehmer zur intensiven Wahrnehmung des natürlichen Umfeldes ein. Das funktioniert am besten, wenn der Kopf frei ist. Alle erhalten Farbkarten und die Aufgabe, möglichst viele **Gegenstände** in diesem Farbton zu **sammeln.** Plötzlich sieht man Früchte und Blätter, Gräser und Äste, die sonst garantiert unentdeckt geblieben wären. Mithilfe eines Passepartouts entsteht aus den gesammelten Naturprodukten ein „Landart", eine kurzlebige, wunderschöne Collage. Weiter geht es waldeinwärts. Alle lauschen den Geräuschen der **Waldtiere** und lassen den Blick schweifen. Der nächste Stopp heißt „Zweite Dusche". Bei einer kurzen Kopfmassage und dem Abstreichen der Arme und Beine entsteht ein Glückspilzfeeling.

Für mich!
Einatmen, ausatmen, Natur genießen

Mit einem Lächeln auf den Lippen geht es weiter bis zu einer Baumgruppe, an der jede bzw. jeder einen **Lieblingsbaum** findet, diesen betrachtet, umrundet und betastet, zwischen seinen Wurzeln Platz nimmt und die Umgebung aus einer neuen Perspektive entdecken kann. Wie warm die dicke Eichenrinde im Rücken ist, wie hoch der Baum in den Himmel ragt!

Nach einer entspannten Atempause geht es weiter, vorbei an bemoosten Baumstämmen und Bäumen mit den unterschiedlichsten Blättern. Mit Lupen werden Details erkundet. Nach fast 3 Stunden sind gerade mal 2 Kilometer zurückgelegt. Dafür aber unendlich viele Eindrücke gesammelt.

Die zertifizierte Kursleiterin für Waldbaden/Achtsamkeit im Wald Andrea Schüler bietet ganzjährig Schnupper- und Intensivkurse im Waldbaden sowie Workshops zur Zen-Meditation.

MoosHerz Waldbaden, Bergstraße 13, 57629 Limbach,
Tel. (01 76) 52 20 33 13, www.moosherz-waldbaden.de

Im Wald baden

Antworten in der Natur finden

NATUR MIT ALLEN SINNEN ERLEBEN

Früher galt Spazierengehen als schnarchiges Hobby für Rentner. Dann entdeckten gestresste Arbeitnehmer die beglückende Atmosphäre der Natur. Sanfte Grüntöne beruhigen, helle Nuancen erfrischen. An heißen Tagen bietet ein Wald Abkühlung. Baumkronen spenden Schatten, Blätter reflektieren kurzwellige Sonnenstrahlen. Außerdem filtern und reinigen Bäume die Luft, denn sie nehmen Kohlendioxid auf und reichern die Luft mit Sauerstoff an.

Und dann gibt es noch die Terpene. Diese ätherischen Öle produziert der Wald unaufhörlich zum eigenen Schutz. Die Duftstoffe stärken gleichzeitig unser Immunsystem. Sie senken den Blutdruck, verbessern die Schlafqualität und entspannen uns.

Wandern entwickelte sich verdienterweise zum Trendsport. Gerade der Westerwald hat hier einiges zu bieten. Wer die wohltuende Wirkung eines Wanderausflugs steigern möchte, sollte Waldbaden ausprobieren. Dabei geht es nicht um die zurückgelegte Strecke, sondern um intensiv erlebte Momente, Hingabe zur Natur und die beruhigenden Effekte für Körper, Geist und Seele.

Unter fachkundiger Anleitung werden beim Waldbaden alle Sinne angesprochen. Zunächst wird der Blick für den Moment und die Umgebung geschärft. Baumgruppen, Wiesen und Waldwege bieten dem Auge dazu ganzjährig unzählige Möglichkeiten. Mit Übungen aus dem Yoga und Tai-Chi, Qi Gong und der Meditation wird der Geist beruhigt. Gemeinsam lauscht man den Geräuschen des Waldes, genießt Vogelgezwitscher und das Plätschern des Baches. Der Tastsinn wird aktiviert, indem man einzelne Blätter und Früchte gezielt befühlt. Das Sehen wird geschult, indem der Blick langsam vom Himmel zum Boden wandert, um dann die kleinen, lange nicht mehr so intensiv wahrgenommenen Details einer einzelnen Pflanze zu bestaunen. Geschmacks- und Geruchssinn aktivieren die Waldbadenden, indem sie Kräuter und Früchte vor Ort beschnuppern und verkosten. Wer will, sucht sich einen Lieblingsbaum, betrachtet ihn von der Krone bis zum Stamm, wandert um ihn herum, befühlt seine Rinde mit geschlossenen Augen und riecht daran. Wer die Kraft dieser Verbindung verstärken möchte, kann den Baum umarmen, sich anlehnen oder eine Weile Platz nehmen und die Aussicht genießen. Vielleicht möchte man auch die Schuhe ausziehen und einen Waldweg barfuß erklimmen?

Wer sich mit allen Sinnen auf ein Waldbad einlässt, fühlt sich geerdet. Vom Alltag entrückt, begreift man sich selbst als kleinen Teil des großen Ganzen. In Japan sind die positiven Effekte eines Waldaufenthaltes schon lange bekannt, werden detailliert erforscht und immer mehr auch wissenschaftlich bestätigt. „Shinrin Yoku“, das (achtsame) Verweilen im Wald, gehört dort selbstverständlich zur Behandlung von Körper und Geist.

Täglich 15 Minuten Spazierengehen im Park oder Wald genügen, um das Stressempfinden zu reduzieren und das Immunsystem zu stärken. 3 Stunden bringen einen nachhaltigen Effekt für Körper und Geist.

TIERISCHE BEGEGNUNGEN

Mit einem Lächeln auf den Lippen die Erdmännchen betrachten, die Farbenpracht der Flamingos und Papageien bestaunen sowie Pinguine beobachten.

Der größte Zoo in Rheinland-Pfalz bietet eine tierische Vielfalt. Ob Schimpansen, Löwen, Warane, Krokodile, Seehunde, Pinguine oder Flamingos, Strauße, Trampeltiere, Tapire, Erdmännchen oder die größte Känguruherde außerhalb Australiens – im **Zoo Neuwied** gibt es viel zu entdecken. 185 Arten und mehr als 1800 Tiere erwarten die Besucher. Dazu gehören neben den Säugetieren, Amphibien und Reptilien auch exotische Vögel und riesige, pelzige Spinnen, die charmant als Gliederfüßler bezeichnet werden.

Öffentliche Fütterungen der Pinguine, Seehunde, Äffchen, Marabus, Geparden, Tapire und der niedlichen Erdmännchen finden jede Woche statt. Bezaubernd, wenn neben den Langzeitbewohnern auch Nachwuchs zu sehen ist. Besonders spannend sind die **Abendführungen.** Hier erfährt man, was Stachelschweine zum Abendbrot fressen, wie Kängurus schlafen und was das Faultier Lento macht, wenn keine Besucher mehr anwesend sind. Auch Erdmännchen, Schimpansen, Löwen und Co. verhalten sich nach „Feierabend“ ganz anders, Eulen, Dachse und Mähnenwölfe werden dann sogar erst richtig munter. Ohne Besuchertrubel und unter fachlicher Führung lässt sich der Zoo in den Sommermonaten zweimal monatlich in der Dämmerung erleben, auch die Buchung eines privaten Führungstermins ist möglich. Bei klarem Himmel mit einem spektakulären Ausblick auf das Rheintal bei Sonnenuntergang.

Für mich!
Beeindruckende Artenvielfalt

Beim Zoospezial **„Tierfotografie“** gehen die Teilnehmer mit den Fotografen ins Gehege. So erleben die ambitionierten Hobbyfotografen die Bewohner des Zoos hautnah vor der Linse ihrer eigenen Kamera.

Ein Besuch vor Ort ist ganzjährig ein intensives Erlebnis, das wie eine exotische Reise nachwirkt, wenn man sich etwas Zeit nimmt und auf die tierischen Begegnungen einlässt.

Zoo Neuwied, Waldstraße 160, 56566 Neuwied,
Tel. (0 26 22) 9 04 60, www.zooneuwied.de

HIMMLISCHER LICHTERZAUBER

In der festlichsten Zeit des Jahres im Wiedtal ein ganzes Dorf im Weihnachtsglanz erleben und mitten im Wald fantasievolle Krippen bestaunen.

Seit mehr als 30 Jahren verwandelt sich Waldbreitbach im Wiedtal von Ende November bis Ende Januar in ein einzigartiges **Weihnachtsdorf.** Dann wird der ganze Ort festlich geschmückt, überall stehen liebevoll gestaltete Weihnachtskrippen. In der Dorfmitte funkeln 10.000 Lämpchen an einem 18 Meter hohen **Lichterbaum** mit einem Durchmesser von 6 Metern. Durch den ganzen Ort führt der **Kleine Krippenweg** mit mehr als 70 Stationen. Man schlendert vorbei an Schaufenstern und Privatgärten mit stimmungsvoll beleuchteten, festlichen Krippen. Zwei der zahlreichen Highlights sind die schwimmende Krippe und der Adventskranz auf der Wied. Besonders schön anzusehen sind auch die lebensgroßen Figuren aus dem Erzgebirge an der Kirchtreppe. Der charmante Nussknacker und die Räuchermännchen sind so entzückend, dass sie wohl kaum jemand ohne ein gemeinsames Erinnerungsfoto verlässt. Die Freilandkrippe und die Schwibbbogen-Krippe sind ebenfalls einen Besuch wert. In der Pfarrkirche Maria Himmelfahrt ist die größte Naturwurzelkrippe der Welt zu bewundern. Bei Schnee und in den Abendstunden wirkt das ganze Dorf besonders zauberhaft.

Für mich!
Nostalgisch leuchtende Momente erleben

Im Wald über Waldbreitbach findet sich außerdem der charmante **Wanderweg „Stern von Bethlehem“.** Zwischen hohen Tannen und ausladenden Wurzeln sind auf fast 2 Kilometern 30 Krippen und 3500 Glühbirnen so verteilt, dass die erleuchtete Strecke aus der Ferne wie ein Kometstern aussieht. Beide Wege sind miteinander verbunden.

Das Weihnachtsdorf Waldbreitbach ist täglich geöffnet. Der Eintritt ist frei, alle Attraktionen befinden sich im Freien. Vor Ort gibt es einige Restaurants und Cafés. Am 2. und 3. Adventwochenende findet der Christkindchenmarkt statt. Hier kommt wirklich jeder in Weihnachtsstimmung.

Weihnachtsdorf, 56588 Waldbreitbach,
www.weihnachtsdorf-waldbreitbach.de

SAGENHAFTER WESTERWALD

Wandern auf mystischen Spuren, in märchenhaften Wäldern und an beschaulichen Bächen. Zwischen Bäumen werden spannende Geschichten lebendig.

Unter dem Motto „Willkommen in der Welt der Sagen, Mythen und wundersamen Mären“ kann man zwischen Nentershausen und Montabaur auf einer besonderen **Sagenroute** laufen.
Man muss nicht bis nach Irland reisen, um verwunschene Plätze, **fantastische Mythen** zu entdecken. Auch der südliche Westerwald hat hier einiges zu bieten. Auf der 22 Kilometer langen Strecke lässt sich Erstaunliches entdecken. Zwischen Wäldern und Wiesen, an kleinen Bächen und bemoosten Waldwegen erzählen 17 Infotafeln von einem edlen Junker und kühnen Schatzgräbern, garstigen Murkelmännchen und einem kopflosen Reiter. Überall erwarten die Wanderer mystische Geschichten, **Sagengestalten** in Form von Holzskulpturen und kunstvolle Sitzgelegenheiten.
So eröffnet sich mitten im Wald ein neuer Blick auf die Region. Vor Ort verwandeln sich altbekannte Orte in spannende Schauplätze. Ein gruseliges Beispiel ist die **Geschichte des Hirtenhannes,** der im Regen in den Wald flüchtete, Stimmen hörte und feststellte, dass sie aus einem Sarg kamen. Oder die Erzählung des kopflosen Reiters, in der es um ein übles Verbrechen während des Dreißigjährigen Krieges und die Heldentat der Einheimischen geht. Der Themenweg verläuft größtenteils über wunderschöne Naturwege und kreuzt den Reckenthaler Skulpturenweg. Außerdem führt er an der Wirzenborner Wallfahrtskirche vorbei, die einen Besuch wert ist.
Online ist eine ausführliche Wanderkarte inklusive Park- und Rastmöglichkeiten verfügbar. Das sogenannte **digitale Unterwegspaket** bietet auch eine interaktive Karte inklusive Erklärungen zu den Skulpturen. Beim ebenfalls enthaltenen Sagenquiz können Wanderer ihr neues Wissen prüfen und für den Lösungssatz bei der Touristinfo in Montabaur eine kleine Belohnung in Empfang nehmen. Zur Einstimmung auf die Wanderung ist der gruselige Kurzfilm mit dem Titel „Montabäurer Mären“ perfekt.

Für mich!
In märchenhafter Natur unterwegs sein

Wanderung auf der Sagenroute, Start: Marktplatz, 56412 Nentershausen, www.sagenhafter-westerwald.de

58 *Mein Tag Urlaub*

UNKRAUT MACHT GLÜCKLICH!

Bei den Kräuterevents in Bad Marienberg die Natur mit allen Sinnen genießen, Blüten und Kräuter ernten und gemeinsam ein farbenfrohes Menü zubereiten.

Wer den **Workshop „Kochen mit Garten(un)kräutern“** bucht, erlebt einen halben Tag Naturglück mit allen Sinnen. Gemeinsam durchstreift man den zauberhaften Garten der Veranstalterin und erfährt, welche Blüten essbar und welche giftig sind. Die leicht nussigen Gänseblümchen, aber auch Phlox, Storchschnabel und Kapuzinerkresse sind perfekt für Salate geeignet. Die Hände sollte man unbedingt vom Fingerhut lassen. Die glockenartigen Einzelblüten sind hochgiftig. Idealerweise sammelt man essbare Blüten an einem sonnigen Vormittag, wenn die Aromen am intensivsten sind.

Für mich!
Mit heimischen Pflanzen kochen

Der Morgen ist auch der beste Erntezeitpunkt für **Wildkräuter** wie Anis-Ysop, Gundermann und Löwenzahn. Daraus lassen sich Essige, Brotaufstriche und Kräutersalze herstellen. Im Workshop gibt Iris Franzen zahlreiche Tipps zur Wirkung und Verwendung bekannter und seltener Pflanzen, wie dem „guten Heinrich“. Die jungen Blätter der alten, kaum noch bekannten Sorte nutzt man wie Spinat, die Triebe wie Spargel und die Knospen wie Broccoli.

Die **ausgebildete Kräuterexpertin,** Gärtnerin, Natur- und Landschaftspflegerin ist auch eine begeisterte Köchin. Nachdem frische Kräuter und Blüten der Saison gesammelt sind, werden Beeren, frisches Grün und Blüten geerntet und gemeinsam verarbeitet. Blätterteig wird mit Kräutern belegt und zu Knusperstangen geformt, die zu einer sommerlichen Gurkensuppe passen. Eine Kombination aus bunten Blüten, klein geschnittenem Gemüse, Gewürzen und Reispapier ergibt farbenfrohe Sommerrollen. Kräuterpfannkuchen werden am offenen Feuer zubereitet. Dips und ein süßer Nachtisch entstehen in der Küche. Das bunte, **köstliche Menü** wird von allen Teilnehmern beglückt im Garten genossen. Zum Abschluss gibt es ein Heft mit Wissenswertem und Hausrezepten zu den bekanntesten Kräutern sowie die Anleitungen der köstlichen Gerichte des Tages.

Kräuter-Workshop, Am Schorrberg 17,
56470 Bad Marienberg, www.wildkraeuter-westerwald.de

Alleskönner aus dem Garten

Paradies auf Erden

PFLANZEN MIT UNBEKANNTEN VORZÜGEN

Kräuter sehen hübsch aus und sind meist wohlriechend. Die genügsamen Pflanzen wachsen in der Natur, im heimischen Garten und auf der Fensterbank. Sie bieten Nahrung für Insekten und Bienen und haben heilende Wirkung bei den unterschiedlichsten Beschwerden.
Ein heißer Tee aus Pfefferminzblättern wirkt gegen Magenbeschwerden, abgekühlt ist er ein hervorragendes Mundwasser. Selbst gemachtes Pfefferminzöl hilft gegen Kopfschmerzen.

Melisse ist als Tee aufgegossen ein echter „Om“-Garant an stressigen Tagen. Wird man von einer Mücke gestochen, hilft ein in kalten Melissentee getauchtes Tuch als Juckreizkiller. Außerdem wirkt die Melisse antiviral und ein zerknülltes Blatt kann, beim ersten Anzeichen aufgelegt, oft einen Lippenherpes verhindern.

Brennnesseln gelten als Unkraut, haben aber herausragende, positive Eigenschaften. Als Tee wirkt das Kraut blutreinigend. Außerdem ist er mit seiner entwässernden Wirkung ein Geheimtipp für Abnehmwillige. Wegen des hohen Gehalts an Mineralstoffen und Vitaminen sollte man Brennnessel im Salat, als Spinat, in der Suppe, im Quark oder Müsli verwenden. Einfach vorher die Brennhaare durch Überrollen mit einem Nudelholz zerstören, schon sind die Blätter verzehrfertig.

Mädesüß blüht weiß, riecht nach Mandeln und Marzipan und gilt als eines der besten pflanzlichen Schmerzmittel, denn in den Blüten ist Salicylsäure enthalten. Der Wirkstoff, der auch Aspirin zum gängigen Mittel gegen Kopfschmerzen und Fieber macht. Zur Linderung ist ein Tee aus den Blüten eine Alternative zur Tablette. Als Gaumenfreude ist ein Sirup aus Mädesüß-Blütendolden, Wasser und Zucker köstlich. Wer lieber einen Shake möchte, lässt ein paar Blüten über Nacht in Milch ziehen, entfernt die Blüten und schäumt die Milch vor dem Genuss auf.

Thymian ist ein pflanzliches Antibiotikum, das als Tee bei beginnender und bereits vorhandener Erkältung hilft. Außerdem würzt das Kraut Pasta und Kartoffeln, Pilzgerichte und Saucen perfekt. Ein unter das Kopfkissen gelegtes Zweiglein soll sogar schöne Träume bringen!
Pflanzen haben Heil- und Würzkraft. Manchmal können sie sogar noch mehr: Wer wissen möchte, wie das Wetter wird, schaut auf den Wiesen den Löwenzahn an. Sind die Blüten geschlossen, wird es bald regnen. Der Wetterfrosch unter den Kräutern ist mit seinen Bitterstoffen auch ein toller Begleiter für den Salat.

Zur Ernte aller Kräuter ist der Vormittag ideal, wenn der Tau getrocknet ist und die Sonne noch nicht allzu stark scheint. Frisch gesammelte Kräuter bleiben im Kühlschrank bis zu 3 Tage frisch. Zum Trocknen breitet man sie für ein paar Tage an einem hellen, warmen Ort aus. „Rascheltrocken“ sind sie ein Jahr zum Verzehr geeignet, danach lässt die Wirkung und der Geschmack nach. Als Badezusatz oder zum Räuchern sind sie trotzdem noch zu nutzen.

AM STRAND

Einfach mal treiben lassen – beim Schwimmen im See oder beim Entspannen am Ufer. Beachfeeling mit den Füßen im Sand und einem Drink in der Hand.

Der **Seeweiher in Mengerskirchen** ist einer der ältesten Stauseen Hessens. Mit seinem neu angelegten Sandstrand am westlichen Ufer ist er ideal für eine Auszeit vom Tag, von der Woche oder vom gewohnten Leben. Betritt man die großzügige Grünanlage mit freiem Blick auf den umwaldeten See, weckt der Blick auf die strohgedeckte **Beachbar,** die bunten **Strandkabinen** und den feinen **Sand** sofort Urlaubsgefühle. Wer Meerweh hat, ist hier richtig. Wer sich in einen der stylischen **Strandkörbe** kuschelt und von hier auf das Wasser oder in den strahlend blauen Himmel blickt, will nie wieder aufstehen.

Für mich!
Füße im Sand und Blick aufs Wasser

Auch vom Liegestuhl aus lassen sich entspannt die Schwimmer und Stand-up-Paddler beobachten. Der bis zu 4 Meter tiefe Seeweiher bietet mit seinen 11,2 Hektar Platz für alle. An den Sandstrand schließt sich eine große Liegewiese an. Mitten im See wurde eine **Schwimmplattform** installiert. Der restliche Teil des Seegebietes steht unter Naturschutz. In den Feuchtwiesen und Uferrandbereichen leben Rotmilane, Wasserfledermäuse und Moorfrösche.

Bei einem Kaffee, einem Softgetränk oder einem trendigen Kukki kann man die Atmosphäre besonders gut genießen. Der Szenedrink Kukki ist ein tiefgefrorener Cocktail, der vor den Augen der Gäste in einem speziellen, illuminierten Behälter zubereitet wird.

Wer vom Beobachten und Genießen nicht nur Durst, sondern auch Hunger bekommt, kann am Imbiss eine deftige Kleinigkeit ordern oder ein Softeis genießen. Für den größeren Hunger steht ein chilliges **Restaurant** offen. Auf einem Rundweg lässt sich der See außerdem umwandern. Es gibt auch einen großzügigen, neu angelegten **Campingplatz** sowie Glamping-Zelte im Safari-Style.

Die Beachbar ist bei Badewetter von 10 bis 22 Uhr geöffnet. Nach 17 Uhr entfällt der Eintritt für den Badebetrieb.

Seeweiher mit Wäller Camp, Am Seeweiher 1, 35794 Mengerskirchen, www.waeller-camp.de

HAPPY
CAMPER
LIFE IS
better AT
WÄLLER CAMP

EINMAL RUNDHERUM

Die Seenlandschaft mit dem Rad erfahren, den Wind um die Nase spüren. Die Weite der Wälder und Wiesen in sich aufnehmen.

Die **Westerwälder Seenplatte** gilt als eine der schönsten Regionen des Westerwalds. Zwischen den Hügelketten im Norden und dem verwunschenen Saynbachtal liegen die sieben, durch Kanäle miteinander verbundenen Seen. Hier scheinen die Wiesen besonders grün und die Flüsse extra romantisch zu sein.

Entstanden ist die bezaubernde Kulturlandschaft im 12. Jahrhundert, als Mönche in einem Sumpfgebiet die ersten Großteiche und Seeweiher für die Fischzucht anlegten. Heute ist eine Gesamtwasserfläche von knapp 250 Hektar zu bestaunen. Viele Weiher stehen unter Naturschutz. Dieses einmalige Paradies für Zug- und Wasservögel lässt sich bei einer Radtour genießen.

Für mich!
Durch eine paradiesische Landschaft radeln

Der 20 Kilometer kurze, leichte **Radrundweg Seenplatte** startet am Haus am See auf der **Westseite des Dreifelder Weihers.** Von hier geht es zum Haidenweiher, dann Richtung Steinen über einen schmalen Übergang, der den Brinkenweiher vom Postweiher trennt. Weiter verläuft der Weg ein Stück bergauf durch den Wald nach Dreifelden. Hier finden sich der Golfclub und ein Restaurant, das ausdrücklich auch für Biker und Nichtgolfer geöffnet hat. Mit oder ohne Stärkung fährt man zügig bergab bis nach Steinebach an der Wied. Das vorletzte Ziel ist der **Hofmannsweiher,** von dort ist es nicht mehr weit bis zum Ausgangspunkt, dem Haus am See. Hier kann man zur Ruhe kommen, die Erlebnisse der Ausfahrt Revue passieren lassen und mit nackten Füßen im Sand oder Wasser baden. Direkt am See lassen sich die glänzende Wasseroberfläche und die idyllische Landschaft intensiv genießen.

Wer länger verweilen möchte, findet entlang der Seenplatte zahlreiche Gasthöfe und Campingplätze. Direkt am Dreifelder Weiher gibt es außerdem die Möglichkeit zur Übernachtung im Weinfass.

Radrundweg Seenplatte, Start: Parkplatz gegenüber Haus am See, Seeburger Straße 1, 57629 Steinebach an der Wied, www.westerwald.info

61 *Meine Frei-Zeit*

MY HOTEL IS MY CASTLE

Wer schon immer einmal mit Harry Potter, James Bond, Sherlock Holmes oder der Queen übernachten wollte, ist im Little Britain Inn richtig.

Wer das **Countryhotel The Little Britain Inn** betritt, wird „very amused“ sein. Gary Blackburn hat gemeinsam mit seiner Familie im kleinen Kalenborn sein persönliches „little Britain“ mit einer einzigartigen Atmosphäre geschaffen. Seine Vision der englischen Lebensart, Kultur und Geschichte prägt das einzigartige, kreative Hotelkonzept in der Nähe von Linz am Rhein.

Die acht sehr unterschiedlich gestalteten **Themenräume** zeigen energiegeladene, kunstvolle Interpretationen der berühmtesten britischen Assoziationen. Dazu haben die Inhaber mit der Künstlerin AndyMo zusammengearbeitet.

Für mich!
Königlichen Genuss erleben

Je nach persönlicher Vorliebe und gewünschter Stimmung kann man nun im „British Room“, „Scottish Room“, „Sherlock Holmes Room“, „Queen's Room“, „Harry Potter Room“, „Cornish Room“, „Beach Hut Room“ oder dem „Fairy Room“ übernachten. Überlebensgroß strahlen dabei die Stars und Legenden des jeweiligen Themas den Hotelgästen aus einer kraftvollen Collage entgegen. Etwas surreal wirken die Räume im ersten Moment. Gleichzeitig beeinflussen sie die persönliche Stimmung extrem positiv. Man fühlt sich wie in einem Traum.

Verlässt man sein Zimmer, warten Lord Nelson, Charlie Chaplin und Mr. Bean auf den Gängen. In der Hotelanlage laden rote englische Doppeldeckerbusse die Gäste zum Verweilen ein. Bei gutem Wetter ist der **„Secret Garden“** ein weiteres Highlight. Hier lässt sich zwischen Alice aus dem Wunderland, dem weißen Hasen und zahlreichen weiteren Märchenfiguren in einem großzügigen Garten entspannt Zeit verbringen. „Take a seat“, meint Gary Blackburn und hofft, dass seine Gäste im kuscheligen Gartenhaus oder in einer der lauschigen Sitzecken ihre **Tea time** oder einen Whisky genießen. Wer neben Märchenhaftem auch etwas Action sucht, nutzt den British-Games-Room für das original Englandfeeling.

Countryhotel The Little Britain Inn, Bahnhofstraße 14, 53560 Vettelschoß, Tel. (0 26 45) 9 75 61, www.thelittlebritaininn.com

The GENEROUS BRITON
THE MANSFIELD BREWERY COMPANY

62 *Meine Frei-Zeit*

PURISTISCHER AUFENTHALT

Die Natur neu erleben, wahre Ruhe entdecken, den Bäumen beim Wachsen zusehen, unendlich viel Raum für neue Gedanken finden und den Ausblick genießen.

Mit einem Lächeln auf den Lippen kommt man im charmanten **Reckenthal** an. Auf der Fahrt hierher passiert man Wälder, Wiesen und plätschernde Flüsschen. Die „Kleine Bleibe“ vermittelt mit ihrer **reduzierten Architektur** und den riesigen Fensterflächen Geborgenheit. Durch die dunklen Fassaden verbinden sich die Häuser perfekt mit der Natur. Öffnet man eine der beiden Eingangstüren, wird man von der hellen, offenen Gestaltung und feinem **Holzduft** empfangen. Riesige Fensterfronten geben in beiden Häusern den Blick auf einen sensationellen **Fernblick** in die Region frei. Die minimalistische Einrichtung lässt keine Wünsche offen, lenkt aber gleichzeitig nie vom Star der Unterkunft, der Natur, ab. Hier spürt man, wie der Puls runterfährt und der Stress abfällt, wie der Alltag verschwindet und die Muße anklopft. Der eine geht wandern, der andere liest ein Buch, der Nächste genießt die Sauna mit Panoramafenster in den Wald.

Für mich!
Die Natur intensiv wahrnehmen

Die Inhaber, Carolin und Nils Fröhlich, möchten ihren Gästen die perfekte Umgebung zur absoluten Entspannung bieten. Die puristische und nachhaltige Umsetzung wurde bis ins kleinste Detail mit viel Liebe geplant. Hier gibt es **keinen Fernseher und kein Telefon.** Wer will, stellt den WLAN-Anschluss auf offline und genießt stattdessen den wundersamen Wert der Einfachheit.

Vor Ort erwartet alle Gäste ein Starterpaket, inklusive **Booklet mit Freizeitvorschlägen.** Vielleicht möchte man sich auch einfach treiben lassen und die „Hitzekiste“ genießen, mal wieder Tagebuch schreiben oder in einem der Designbücher vor Ort stöbern? Die Unterkunft „Waldwunder“ hat 60 Quadratmeter und bietet mit zwei Schlafzimmern, zwei Bädern, Küche mit großer Tafel und hell erstrahlender Wohngalerie Platz für bis zu vier Gäste. Die Unterkunft „Gipfelglück“ hat 42 Quadratmeter und ist mit frei stehender Badewanne und Fensterplatz in der Küche und der Wohngalerie ideal für ein bis zwei Personen.

Kleine Bleibe, Tannenweg 22, 56410 Montabaur-Reckenthal,
Tel. (01 51) 20 26 07 63, www.kleine-bleibe.com

63 Meine Frei-Zeit

STRICH FÜR STRICH

Der eigenen Kreativität freien Lauf lassen, im Tun versinken und ein eigenes Werk in entspannter Atmosphäre unter fachkundiger Anleitung entstehen lassen.

„Im Malen ist etwas Unendliches“, sinnierte Vincent van Gogh. Wer einen **Malkurs im Atelier Gröbl** besucht hat, kann dieses Zitat sofort nachvollziehen. Unendlich viel Freude macht ein Workshop in den lichtdurchfluteten Räumen von Barbara Gröbl in der Innenstadt von Koblenz. Vor Ort entstehen persönliche Werke, die man alleine wahrscheinlich nie zustande gebracht hätte.

Während jedes Kurses vermittelt die freischaffende Künstlerin stilunabhängige Grundlagen der Farblehre, Bildgestaltung und Pinselführung. Danach wählen die Teilnehmer aus einer Vielzahl an Ausstellungskatalogen und Fotobüchern spontan ein Motiv oder bringen ihre eigenen Fotos ein. Jeder sucht sich einen Platz im lichtdurchfluteten Atelier. In Kleingruppen geht es dann großformatig an die **eigene Interpretation** der gewählten Vorlage. Hochwertige Farben und eine Menge Pinsel warten auf Verwendung.

Für mich!
Pause mit dem Pinsel

Wer dabei an einer großen Staffelei zwischen den ausdrucksstarken Werken der Künstlerin steht, fühlt sich selbst gleich ein bisschen begabter und wird schnell eins mit seinem Projekt, den Malutensilien und der Leinwand. Die entspannte Atmosphäre bringt einen intensiven **kreativen Prozess** in Gang. Zwischen abstraktem Drauflosmalen und millimetergenauem Platzieren von einzelnen Punkten, zwischen einem faszinierten Verharren vor der weißen Wand und einem bewegungsintensiven Entwicklungsprozess ist alles möglich – und gut. Für die eigene Seele und für die **schöpferische Selbstfindung.** Die dezenten, aber auf den Punkt gebrachten Anregungen der Kursleiterin beflügeln. Und dazwischen bleibt Zeit für einen kleinen Snack und begeisterten Austausch.

Wer erst mal reinschnuppern will, besucht die Malerin und Keramikerin in ihren Präsentationsräumen. Ganzjährig finden sich hier eigene Werke sowie Arbeiten anderer zeitgenössischer Künstler.

Atelier Gröbl, Casinostraße 37, 56068 Koblenz,
Tel. (01 60) 8 57 26 85, www.barbaragroebl.de

ORT DER GELASSENHEIT

Zwischen Baumwipfeln in den Tag starten, die Natur neu entdecken, Alpakas und Ziegen beim Grasen beobachten, dem Alltag entfliehen.

Um für ein paar Tage in ein Leben mitten in der Natur abzutauchen, genügt eine Fahrt nach **Greifenstein.** Mitten im Wald von Allendorf, zwischen Greifenstein und Leun, startete Manfred Köhnlein vor mehr als 20 Jahren sein alternatives Lebensprojekt.
Neben seiner Frau Sandra Diesner kamen vier Kinder dazu, eine Gaststätte, ein Wohnhaus, eine mongolische Jurte und eine Vielzweckhalle, die zum Yoga ebenso genutzt wird wie für standesamtliche Trauungen. Ein kleines **Tipidorf,** zwei **Hobbithäuschen** und ein **Tiny House** laden Auszeitwillige zum Übernachten zwischen hohen Bäumen ein. Die Unterkünfte verbinden sich durch ihre besondere Bauweise, wie die schiefe Tür und das bewachsene Dach, perfekt mit der Natur. Wer die besondere Stimmung zwischen Tannen und Buchen genießen möchte, muss dabei nicht auf Luxus verzichten, denn WC, Dusche, Badewanne und Kochstellen sind in den heimeligen Unterkünften vorhanden.

Für mich!
Eins werden mit der Natur

Auf der mehr als 110.000 Quadratmeter großen Anlage lassen sich Wald und Tiere neu erleben. Neben 13 Alpakas und zehn Pferden leben hier Schafe, Ziegen, Pfauen, Esel, Hasen, Kanarienvögel und Hunde friedlich zusammen. Den Inhabern ist es wichtig, ihre eigene Verbundenheit mit der Natur und den Tieren weiterzugeben. Zur Entspannung und zur sensitiven Kontaktaufnahme werden **Tierwanderungen** mit Alpaka, Pferd, Esel oder Ziege angeboten.
Wer hier ein Wochenende verbringt, kann **sportliche Aktivitäten** wie Bogenschießen, Kanutouren und Yogakurse dazubuchen oder sich einfach durch Wiesen und Wälder treiben lassen.
Sonntags können auch Tagesgäste wechselnde Freizeitangebote nutzen. Einmal im Monat findet ein Naturmarkt statt. Außerdem ist die Gaststätte in den Sommermonaten täglich geöffnet. Ein Besuch lässt sich wunderbar mit einer Radtour verbinden.

Outdoorzentrum Lahntal, Märchenpark 1,
35753 Greifenstein, www.outdoorzentrum-lahntal.de

KLÖSTERLICHE STILLE

Den Lärm der Welt vergessen, zur Ruhe kommen, die Natur neu erleben und die besondere Welt des Klosters erfassen.

Das altehrwürdige **Kloster Marienstatt** lädt alle, die eine inspirierende Auszeit suchen, zum Verweilen ein. Vor Ort kann man allein, zu zweit oder als Familie eine bereichernde Zeit genießen. Ohne Ablenkung und großen Schnickschnack bieten die wunderschöne Anlage und die Region rund um die Kroppacher Schweiz ideale Bedingungen für einen entschleunigten Urlaub. Wer möchte, nimmt an Gottesdiensten teil oder lässt sich von einem Gastbruder betreuen. Wer das Idyll des Klosters ohne Begleitprogramm genießen möchte, ist ebenso willkommen.

Im Mittelpunkt der Anlage steht die gotische **Abteikirche.** Sie besticht mit Spitzbögen, Strebepfeilern und Kreuzrippengewölbe. Der Bau ist gleichzeitig durch schlichte Architekturformen und den Verzicht auf Türme geprägt. Das reich verzierte Chorgestühl aus der Zeit um 1290 ist eines der ältesten in Deutschland. Viermal am Tag versammelt sich die Mönchsgemeinschaft hier zum Chorgebet, das in lateinischer Sprache gesungen wird.

Für mich!
In Ruhe zu mir selbst finden

Der klösterliche **Barock- und Heilpflanzengarten** ist ganzjährig eine Oase der Ruhe und Erholung. Hier finden sich mehr als 300 verschiedene Pflanzen. Die Einteilung, Auswahl und Gruppierung gehen auf alte Vorlagen klösterlicher Medizin zurück. Den Mittelpunkt des Gartens bildet ein irisches Kreuz, das früher den Westgiebel des Kirchendachs zierte. Die klare Wegeführung, die zurückhaltende Bepflanzung und der zentrale Brunnen spiegeln das zisterziensische Streben nach Schlichtheit wider. In der wunderschönen Klosteranlage finden sich auch eine Buchhandlung und ein Brauhaus. Wanderwege starten direkt am Eingang zur Anlage. Wer hier ein paar Tage verbringt, kann nicht nur Ruhe finden, sondern sich vielleicht auch selbst neu entdecken.

Gästehaus Marienstatt, 57629 Marienstatt,
Tel. (0 26 62) 9 53 52 55, www.abtei-marienstatt.de

66 *Meine Frei-Zeit*

GUT BEHÜTET

Ein Hut macht aus jedem Look einen individuellen Auftritt. Erst recht, wenn er in einem Workshop durch eigene Handarbeit entsteht.

Hüte sieht man nicht alle Tage, noch ungewöhnlicher ist das Angebot, einen Hut mit professioneller Hilfe selbst anzufertigen. Dafür lohnt sich ein kleiner Abstecher vom Westerwald nach **Taunusstein.**

Früher trugen die Menschen viel häufiger einen Hut. Heute setzen sie das Schmuckstück im Alltag weniger selbstverständlich ein. Dabei gibt es **für jeden Kopf den passenden Hut.** Durch einen Hut werden Jeans und Bluse zum coolen Look. Ein klassisches Kostüm bekommt durch eine Kopfbedeckung einen extravaganten Stil. Die perfekte Wahl ist von der individuellen Kopfform und -größe, Haut- und Haarfarbe abhängig. Zwischen Glockenhut, Fischerhut, Trilby, Fedora, Pork-Pie, Bowler, Stroh- und Filzhut und Fascinator findet sich für jede und jeden das perfekte Modell.

Für mich!

Mit den Händen für den Kopf gestalten

Cornelia Palzer fertigt den Traumhut nach persönlichen Vorstellungen und bietet daneben einzigartige **Hut-Workshops** an, in denen man selbst seinen Traumhut herstellen kann. Innerhalb eines Wochenendes entstehen ein bis zwei selbstgemachte Versionen des Lieblingshutes mithilfe der leidenschaftlichen Hutmacherin. Vor Ort wird das Material gewählt, ein Hutmodell und die passende, meist zweiteilige Holzform ausgesucht. Egal, ob Filz oder Stroh, die Stumpen werden bedampft und über den oberen Teil der Holzform – die Krone – gezogen. Mit Dampfbügeleisen und ganzem Körpereinsatz wird der Rohling weiterbearbeitet. Dann wird der untere Teil der Form, die Krempe, angesetzt und ähnlich verfahren. Am zweiten Tag werden alle Hilfsmittel entfernt. Die feinen Näh- und Schneidearbeiten beginnen. Hier ist Konzentration gefragt. Das Schweißband wird eingenäht und die Hutgarnitur ergänzt.

Unglaublich, wie viele Schritte notwendig sind, denkt man stolz, wenn das eigene Werk auf dem Kopf sitzt. Dieser **handgemachte Hut** ist ein langlebiges Statement, Schutz gegen Sonne und Kälte sowie ein absoluter Glücklichmacher.

Namico Hatdesign, Yeoviler Straße 5, 65232 Taunusstein,
Tel. (0 61 28) 8 70 96 41, www.namico-hatdesign.de

ALLTAG AUS, CHILLEN AN

In einem fast vergessenen Tal in einer Festung der Entspannung abtauchen. Die Region erwandern und im Wellnessbereich ausruhen.

Schon der kurvige, schmale Weg von Höhr-Grenzhausen bis hinab **ins Tal nach Grenzau** entschleunigt. Über eine kleine Brücke, vorbei an Fachwerkhäusern, gelangt man zwischen Wäldern und Flüsschen zur Zugbrücke. Die Anlage ist ein familiengeführtes, stylisches Ruherefugium mit unzähligen Möglichkeiten zur Freizeitgestaltung.
Verteilt auf mehrere Häuser finden sich 137 moderne Zimmer, mehrere Restaurants und Bars, **Schwimmbad- und Saunalandschaft** sowie ein Fitness-Studio. Überall dominieren Holz, Filz und klare Linien. Alles ist Ton in Ton gestaltet. Hier kann man entspannen und zu sich kommen, frische Luft schnappen. Oder einfach loslaufen, in Wanderstiefeln oder Joggingschuhen. Der Brexbach-Schluchtenweg verheißt eine entspannte Tagestour. Eine Alternative zum 16 Kilometer langen Premiumwanderweg ist der 5-Kilometer-Rundweg Grenzau.
In zweiter Generation wird das Haus von der Familie Gstettner geführt. Neben dem Hotel entstanden seit 1964 sukzessive eine Bowlingbahn sowie die **kleine Brauerei.** Daran angeschlossen ist das Restaurant Brexx, wo original neapolitanische Pizza bei 485 Grad innerhalb von 90 Sekunden gebacken wird. Cube heißt die stylische Bar, in der Gäste nach dem Abendessen auf einen Cocktail oder zwei verweilen. Wer neben Chillen und Wandern sportliche Herausforderungen sucht, leiht sich im Hotel ein E-Bike oder einen Tischtennisschläger. Am internationalen Bundesligastützpunkt spielt es sich bestimmt leichter als anderswo?
Wer ein Wochenende vor Ort erleben möchte, bucht die Auszeit mit **Rundum-sorglos-Programm.** Inklusive sind kulinarische Genüsse und die Nutzung des 1500 Quadratmeter großen Wellnessbereichs sowie eine Teilnahme am Mental- und Aktivprogramm. Dazu gehören geführte Wanderungen, Wassergymnastik, Wirbelsäulengymnastik und Pilates.

Für mich!
Bei Wellness und in der Natur zur Ruhe kommen

Hotel Zugbrücke Grenzau, Brexbachstraße 11–17, 56203 Höhr-Grenzhausen, Tel. (0 26 24) 10 50, www.zugbruecke.de

TON ERLEBEN

Mitten im Kannenbäckerland beim Töpfern eins mit dem Werkstoff werden und Unikate anfertigen, die bei jeder Nutzung Freude bereiten.

Das Kannenbäckerland ist durch ein enormes Tonvorkommen und das traditionelle, grau-blaue Westerwälder Steinzeug geprägt. Um der Faszination dieses Werkstoffes nachzuspüren, bietet sich ein **Töpferkurs** in der Region an.

Wer das feuchte, kühle Material zum ersten Mal berührt, ist sofort verzaubert von dessen Anziehungskraft. Nachdem jeder Kursteilnehmer seine Lieblingstonsorte gefunden hat, wird dieser intensiv bearbeitet. Dadurch wird das Material geschmeidig, vorhandene Luftblasen werden eliminiert. Kleine Portionen werden auf der Scheibe zentriert. Nun geht es darum, Hände und Füße zu koordinieren. Während man per Fußpedal die Scheibe steuert, sind die Hände damit beschäftigt, im richtigen Tempo und mit angemessenem Druck den **Rohstoff zu bearbeiten.** Weil dazu volle Konzentration notwendig ist, bildet man schnell eine Einheit mit dem Werkstück. Wer ruhig und gefühlvoll arbeitet, erlebt schnell erste Erfolgserlebnisse. Individuelle Schalen, kleine Vasen und Töpfe sowie entzückende Tassen entstehen bereits nach wenigen Stunden. Ab dem zweiten Tag können die über Nacht lederhart gewordenen Stücke „abgedreht" und verschönert werden. Dazu bietet sich Engobe, flüssiger, eingefärbter Ton, besonders an.

Für mich!
Schöpferisch tätig werden und kreativ sein

Kai Becker gibt seit 2001 monatlich mehrere Kurse zum kunstvollen Arbeiten mit Ton. Alle **Kurse für Anfänger und Fortgeschrittene** finden in der Werkstatt des gelernten Scheibentöpfers statt. Neben diesen Workshops gibt es Einheiten zur Oberflächengestaltung und zur japanischen Rakubrandtechnik. Beliebt ist auch der Sommerkurs. Hier wird Ton ohne Drehscheibe, ausschließlich in Plattentechnik, bearbeitet.

Alle Kurse finden in Kleingruppen jeweils von 10 bis 16 Uhr in entspannter Atmosphäre statt. Wer möchte, findet in der Nähe eine Übernachtungsmöglichkeit.

Töpferkurs, Wiesenstraße 17, 56424 Staudt,
Tel. (0 26 02) 9 13 16 94, www.toepferkurse-becker.de

ALLES IM FLUSS

Das Plätschern des Wassers, das Singen der Vögel und die idyllische Region lassen tief durchatmen und selig lächeln. Es entsteht ein einzigartiger Flow.

In der Nähe von Nassau, im verträumten **Hafen Hollerich**, erwarten smarte Boote entspannungswillige Gäste. Schon der Weg zum Anleger ist einen Ausflug wert. Hier zeigt sich die Lahn von ihrer wildromantischen Seite. Ein Staudamm beeindruckt durch Wehr, Gischt und Geräuschkulisse. Rechts und links des Ufers grasen Ziegen, im Wasser drehen Entenfamilien ihre Runden.

Die drei **Flusshäuschen** sind führerscheinfrei fahrbar. Nach einer 3-stündigen Einweisung ins An- und Ablegen, Manövrieren und Wenden darf man die Boote selbst steuern. Alle schwimmenden Ferienwohnungen bieten eine nachhaltige Ausstattung. Innen wirken sie wie gemütliche, kleine Berghäuschen. Auf 18 Quadratmetern finden sich lichtdurchflutete Schlafkojen, ein Bad mit Dusche, Sitzecke und Küche. Bodentiefe Fenster sorgen für freie Sicht. Vor dem Eingang sind die 11 Quadratmeter große Holzterrasse und der Steuerplatz. Hier lässt sich bequem entspannen, während Seele und Beine im Wasser baumeln.

Für mich!
Auf dem Wasser die Gedanken fließen lassen

Von April bis Oktober kann die Region per Boot erkundet werden. Bei durchschnittlich 6 Kilometer pro Stunde zieht die Natur im Zeitlupentempo vorbei. Egal, ob man lahnabwärts oder lieber Richtung Quelle fährt, wer sich auf die Fahrt unter dem Motto „Der Weg ist das Ziel" einlässt, wird die **Region neu entdecken.** Absolute Ruhe garantiert die Anlegestelle Börnchen oberhalb der Schleuse Scheidt.

Eine beliebte Challenge unter Gästen ist die Aufgabe, einen Eisvogel perfekt abzulichten, was bei den flinken Tieren nicht einfach ist. Liegeplätze findet man in jedem Ort bei Bootsclubs, Gemeinden oder am Ufer von Campingplätzen. Die meisten Gäste sind erstaunt, wie wenig Flusskilometer sie zum Urlaubsende zurückgelegt haben, und wie sehr sie sich gleichzeitig beim Treibenlassen, Beobachten, Lesen, Lauschen und Staunen erholt haben.

Hausboote Lahn, Yachthafen Hollerich (Schleuse Hollerich), 56377 Nassau/Lahn, Tel. (0 61 31) 4 94 96 39, www.hausboote-lahn.de

Mein Flusshauschen #2

70 *Meine Frei-Zeit*

WELLNESS PUR

Im stilvollen Hotel einchecken. Saunapark und Therme, Spa und Lahnsauna direkt vom Zimmer über den Bademantelgang erreichen.

Im neuen 4-Sterne-**Emser-Thermenhotel** wartet ein stylisches Erlebnis mit hohem Wellnessfaktor. Die 84 edel eingerichteten Doppelzimmer in Südlage bieten freien Blick auf die Lahn. Neben einem schicken Restaurant mit Innen- und Außenbereich sind die stylische Tagesbar und die exklusive SkyLounge perfekt, um den kleinen und großen Hunger zu stillen. Über einen Bademantelgang erreichen Hotelgäste die Therme. Auf 6600 Quadratmetern lockt diese mit einer besonderen Kombination aus Thermalbad und Saunapark zur Entspannung auf höchstem Niveau. Das einzigartige Highlight der Anlage ist der großzügige **Outdoorbereich direkt über der Lahn.** Hier finden sich eine hochtemperierte Aufgusssauna und eine moderat erwärmte Klangsauna. Auch der Ausblick aus der Panoramabar mit Relaxsesseln und chilliger Terrasse ist toll. Überall bietet sich ein intensiver Ausblick auf den Fluss, das Lahntal, den Malberg und die gegenüberliegende Insel Silberau.

Für mich!
Körper und Seele entspannen

Egal, ob in der Sauna oder auf der Liegewiese, der Anblick des rauschenden Wassers entspannt. Im Park stehen innen und außen weitere Saunen mit wechselnden Aromen und Farbspielen zur Verfügung. Aufgüsse mit Aromaölen werden in Kombination mit kühlem Obst angeboten. Die Kaminlounge und die Ruheoase im Hauptgebäude laden zum Relaxen ein. In der **Thermenlandschaft** warten ein großes Thermalbecken, ein Sprudelbecken, ein Bewegungsbecken sowie Heiß- und Kaltbecken, Sportbecken und Außenbad auf sportliche Schwimmer und ruhige Genießer. Wellnessanwendungen wie die Salzinhalation mit dem berühmten Emser Salz, das Sidroga-Kräuterdampfbad, ein Regenfeld und die großzügige Liegewiese bieten perfekte Entspannung. Das Spa mit Anwendungen vom Wasserschwebebett bis zur Hamamzeremonie ergänzt das **Rundum-sorglos-Angebot.**
Auch Tagesgäste sind im Restaurant zum Frühstücksbuffet, Mittag- und Abendessen sowie in der SkyLounge willkommen.

Emser Therme und Thermenhotel, Viktoriaallee 25 und 24, 56130 Bad Ems, www.emser-therme.de, www.emser-thermenhotel.de

Im Gleichgewicht sein

AYURVEDA FÜR ZU HAUSE

Ayurveda kommt aus dem Sanskrit und bedeutet: „Wissen vom Leben". In Indien wird die traditionelle Heilkunst wissenschaftlich gelehrt, während sie im westlichen Kulturkreis oft als Wellnessmethode und komplizierte Alternativmedizin gilt. Der ganzheitliche Ansatz der Lehre kombiniert physische, mentale, emotionale und spirituelle Aspekte. Dazu werden Massagen, Reinigungen, spezielle Ernährungslehren, eine spirituelle Yogapraxis sowie Erkenntnisse der Pflanzenheilkunde kombiniert.

Ein gesunder Körper ist im Gleichgewicht, wenn die Lebensenergien Vata, Pitta und Kapha harmonisieren. Um ein Ungleichgewicht auszugleichen, wird zunächst der Fehler, das vorherrschende Dosha ermittelt. Dazu werden Optik und Wesen angesehen, Vorlieben betrachtet und eine Pulsdiagnose durchgeführt. Daraus lässt sich ein Überschuss an Vata (der Energie, der man Wind, Luft und Äther zuordnet), Pitta (das für die Elemente Feuer und Wasser steht) oder Kapha (dem Dosha für zu viel Struktur und die Elemente Erde und Wasser) erkennen.

Empfehlungen für ayurvedische Arzneimittel, Ernährung, Massagen bis hin zu einem umfangreichen Kur- und Reinigungsverfahren wie Panachakarma werden daraus typgerecht abgeleitet. So soll die Einheit von Körper, Sinnen, Verstand und Seele wieder hergestellt werden. Bei der Nahrungsaufnahme spielen neben den Lebensmitteln auch die Zubereitung und der persönliche Stoffwechsel eine große Rolle. Nicht nur was man isst, sondern auch wie und wo man es isst, sind im Ayurveda entscheidend.

Alle, die sich häufiger schlapp fühlen, mit dem Magen Probleme haben oder einfach eine neue Lebensphilosophie testen möchten, können unabhängig von aufwendigen Maßnahmen und dem persönlichen Dosha ein paar allgemeingültige Tipps ausprobieren. So wird in der ayurvedischen Lehre allen Menschen empfohlen, nur bei Hunger zu essen. Die Hauptmahlzeit isst man mittags, denn zur Mittagszeit arbeitet die Verdauung am stärksten. Außerdem sollte man sich ausreichend Zeit zum Essen nehmen und dafür sorgen, dass keine Ablenkung, wie Handy oder Fernsehen vorhanden ist. Wirklichen Genuss beim Essen hat der, der während der Mahlzeit ausschließlich an sein Essen denkt und die Speisen mit allen Sinnen wahrnimmt. Zusätzlich wird empfohlen, vor dem Essen – und nicht währenddessen – zu trinken. Bei Durst ist warmes, abgekochtes Wasser und Kräutertee ideal, auf kalte Getränke sollte man verzichten. Eine abwechslungsreiche Ernährung berücksichtigt alle Geschmacksrichtungen, von süß über sauer, salzig, scharf, bitter bis herb. Süße Speisen werden zuerst verzehrt, da sie am schwersten verdaulich sind.

Wer mit der ein oder anderen Empfehlung experimentiert, entdeckt vielleicht neue persönliche Vorlieben, erlebt das persönliche Befinden und die Wirkung von Speisen auf den eigenen Körper neu. Und wird mit einem ganz neuen Glücksgefühl belohnt!

Bibliografische Information der Deutschen Nationalbibliothek
Die Deutsche Nationalbibliothek verzeichnet diese Publikation in der Deutschen Nationalbibliografie; detaillierte bibliografische Daten sind im Internet über http://dnb.d-nb.de abrufbar.

Konzeption/Satz: Droste Verlag, Düsseldorf
Einbandgestaltung: Vernice Collet, Düsseldorf
Fotos: Nicole Steffens, außer: ABAKUS Musik: S. 91; Peter Benner: S. 11; Buchhandlung Reuffel: S. 51; Café Windlück: S. 39; Emser Therme: S. 165; Filixart: S. 83; Wildkräuter-Westerwald: S. 139; GDKE Rheinland-Pfalz Pfeuffer: S. 123; Hausboote Lahn: S. 163; Dominik Ketz Fotografie: S. 15, S. 29, S. 57, S. 145; Lahntal Tourismus Verband e. V.: S. 41; Lahntours Aktivreisen: S. 127; Lindencult: S. 63; Mindbalance: S. 23; MONREPOS: S. 117; Katharina Müller Fotografie: S. 93; Schloss Sayn: S. 75; Anna Schneider/neon fotografie: S. 159; stock.adobe.com: S. 26 (blackdiamond67), S. 53 (Daniel), S. 68 (idea_studio), S. 80 (Nadezhda), S. 85 (ladistock), S. 96 (sebboy12), S. 101 (Fotolyse), S. 108 (gzorgz), S. 111 (Martin), S. 120 (Luftbildfotograf), S. 140 (exclusive-design), S. 166 (petite_lili), Diana Thater: S. 21; Touristik Verband Wiedtal: S. 135; Touristservice Höhr-Grenzhausen: S. 95; Wildpark Hotel: S. 43; Zoo Neuwied: S. 133

MIX
Papier aus verantwortungsvollen Quellen
FSC® C011279
www.fsc.org

ISBN 978-3-7700-2321-9
www.droste-verlag.de